सुपर जीनियस कंप्यूटर लर्नर 4

AF649999

मनुज बजाज • **अनिल अहलावत**

बी.ई. इंजीनियरिंग कॉलेज, दिल्ली

बी.ई. पुणे यूनिवर्सिटी

भूमिका

प्रो. बी.पी. खण्डेलवाल

पूर्व चेयरमैन, सी.बी.एस.ई.

प्रभात प्रकाशन

प्रस्तावना

कंप्यूटर ही जीवन है—यह वाक्य अतिशयोक्ति नहीं कहा जाएगा; क्योंकि कंप्यूटर ने आज हमारे जीवन में एक अभिन्न स्थान बना लिया है। बैंकों से लेकर अस्पताल तक और घर से लेकर रेलवे स्टेशन तक, सभी जगह कंप्यूटर हमारा जीवन आसान करने में लगा है। आज हम सुबह उठने से लेकर देर रात सोने तक किसी-न-किसी तरह कंप्यूटर से जुड़े रहते हैं। इसके उदाहरण हैं—ई-मेल, मोबाइल फोन, ए.टी.एम. इत्यादि। आज टी.वी., रेडियो, कार, मौसम की जानकारी, बैंक कार्य, शिक्षा, खरीददारी, सीमाओं की रक्षा, मनोरंजन, स्वास्थ्य, यात्रा आदि लगभग सभी कार्य कंप्यूटर की सहायता से हो रहे हैं। इसलिए यह आवश्यक हो जाता है कि हम सभी कंप्यूटर के बारे में जानें, उस पर बेहतर कार्य करने के तौर-तरीके सीखें।

रटे-रटाए तरीकों से हम परीक्षाएँ तो पास कर सकते हैं, लेकिन कंप्यूटर को बेहतर ढंग से नहीं समझ सकते। यह गणित की भाँति है, अत: कंप्यूटर के सूत्र सीखकर हम इस पर तरह-तरह के रचनात्मक कार्य कर सकते हैं। इसी बात को ध्यान में रखकर यह **'सुपर जीनियस कंप्यूटर लर्नर'** शृंखला भाग 1 से 8 तक तैयार की गई है। हमारा उद्देश्य है कि प्रत्येक विद्यार्थी स्वयं कार्य करे और कंप्यूटर पर बेहतर ढंग से सभी एप्लीकेशंस को चलाना सीखे। विद्यार्थी जितना ज्यादा समय प्रायोगिक कार्य करेंगे, एप्लीकेशन को बेहतर ढंग से चलाना सीख पाएँगे। अत: इस पुस्तक में प्रायोगिक ज्ञान पर ज्यादा जोर दिया गया है। विभिन्न प्रोग्राम तथा उनके स्क्रीन देने से पुस्तक का महत्त्व बहुत बढ़ गया है। इनमें तो सीधे-सीधे यह समझाया गया है कि कंप्यूटर से क्या-क्या कार्य किए जा सकते हैं तथा किस प्रकार से कार्यों को बेहतर और त्वरित गति से किया जा सकता है। गहन अनुसंधान के बाद हमने यह पाठ्यक्रम तैयार किया है और उसका परिणाम आपके हाथों में है। हमें आशा ही नहीं, वरन् पूर्ण विश्वास है कि इन पुस्तकों से आप जो सीखेंगे, वह जीवन भर आपके लिए उपयोगी सिद्ध होगा।

—लेखकद्वय

प्रकाशक • **प्रभात प्रकाशन प्रा. लि.**
4/19 आसफ अली रोड,
नई दिल्ली-110002
सर्वाधिकार • सुरक्षित
संस्करण • 2026
मूल्य • दो सौ पचहत्तर रुपए
मुद्रक • नरुला प्रिंटर्स, दिल्ली

SUPER GENIUS COMPUTER LEARNER-4
by Manuj Bajaj & Anil Ahlawat ₹ 275.00
Published by Prabhat Prakashan Pvt. Ltd, 4/19 Asaf Ali Road, New Delhi-2
e-mail: prabhatbooks@gmail.com ISBN 978-81-7315-926-8

भूमिका

आधुनिक युग के विकास में कंप्यूटर का अतुलनीय योगदान है। आज किसी भी क्षेत्र में कंप्यूटर की उपस्थिति अनिवार्य रूप में देखी जा सकती है। हमारे रोजमर्रा के लगभग सभी कार्य कंप्यूटर पर निर्भर हैं। बैंक का लेन-देन, रेल टिकट, ए.टी.एम. सेवा, मोटरकार व हवाई जहाज नियंत्रण, पुस्तक-प्रकाशन, दस्तावेज तैयार करना, फोटो, फिल्म व संगीत से जुड़े कार्य, कक्षा में पढ़ाई करना इत्यादि सभी कार्य कंप्यूटर की मदद से सरलता से, तेजी से और त्रुटिहीनता के साथ पूरे हो जाते हैं। यही कारण है कि आज के युग को 'कंप्यूटर का युग' कहा जाता है।

विज्ञान, तकनीकी, शोध, चिकित्सा, प्रौद्योगिकी, उड्डयन, संचार एवं शिक्षा के साथ-साथ कंप्यूटर ने कृषि के क्षेत्र में भी अहम भूमिका निभाई है। कंप्यूटर क्रांति ने विश्व को एकसूत्र में बाँध दिया है। इंटरनेट ने तो कंप्यूटर के प्रचार-प्रसार में और भी बड़ी भूमिका निभाई है। इंटरनेट के माध्यम से आज एक 'क्लिक' करके हम दुनिया के किसी भी कोने में पहुँच सकते हैं। इंटरनेट टेलीफोनी और इ-मेल ने संचार क्रांति को पंख लगा दिए हैं। इंटरनेट टेलीफोनी से हम लगभग नि:शुल्क दुनिया के किसी भी कोने में टेलीफोन की तरह बात कर सकते हैं। 'चैट' के जरिए 'लाइव' बातचीत की जा सकती है।

कंप्यूटर का विकास जिस द्रुत गति से हुआ है, उतना संभवत: दूसरा किसी का नहीं हुआ। आम बोलचाल की भाषा में कहें तो आज हर वस्तु का कंप्यूटरीकरण हो गया है। कंप्यूटर ने हर क्षेत्र को एक नया आयाम दे दिया है। कंप्यूटर के पास हमारे सभी प्रश्नों के उत्तर हैं।

कंप्यूटर-जगत् का विकास और विस्तार अंग्रेजी के माध्यम से आरंभ हुआ। अत: पठन-पाठन सामग्री भी अंग्रेजी में विकसित हुई। क्रमागत विकास के साथ-साथ विभिन्न देशों में विभिन्न भाषाओं में कंप्यूटर की शिक्षा दी जाने लगी है। इससे शिक्षार्थी कई भाषाओं में क्षमता विकसित कर रहे हैं।

हिंदी भाषा में इसे अपनाने के लिए आधारिक पाठ्यपुस्तकों का अभाव लग रहा था। अत: इस शृंखला द्वारा विद्यालयों में शुरू से ही हिंदी माध्यम से पढ़ने और अभ्यास द्वारा क्रमागत जानकारी देने का यह एक सराहनीय प्रयास हुआ है। इससे हिंदी-जगत् की एक बड़ी कमी की प्रतिपूर्ति हुई है। सरल भाषा में जानकारी उपलब्ध कराने से कंप्यूटर प्रयोग के ज्ञान और कौशल का विकास भविष्य में अनेकानेक लाभकारी व्यापक कार्यक्षेत्रों की उपलब्धि कराएगा। इसी पृष्ठभूमि में कंप्यूटर की कक्षा 1 से 8 तक के लिए अत्यंत सार्थक एवं उपयोगी शृंखला प्रकाशित हो रही है। यह प्रशंसनीय पहल है। इस शृंखला की पुस्तकों में भाग एक के कंप्यूटर की आरंभिक जानकारी दी गई है। इसके बाद के भागों में क्रमश: सॉफ्टवेयर, हार्डवेयर, सीडी, माइक्रोसॉफ्ट, पावर पॉइंट, फोटो शॉप, मूवी एडिटिंग सॉफ्टवेयर, ऑपरेटिंग सिस्टम, इंटरनेट, इ-मेल इत्यादि की जानकारी दी गई है, साथ ही इनके साथ कार्य करना इतनी सरलता से सिखाया गया है कि आप बिना किसी की सहायता के इन्हें स्वयं सीख सकते हैं। कोई विद्यार्थी इससे स्वयं भी सीख सकता है।

आशा ही नहीं, पूर्ण विश्वास है कि यह पुस्तक शृंखला कंप्यूटर अध्ययन और उसके 'मास्टर' बनने में अत्यंत उपयोगी सिद्ध होगी। साथ ही, इससे आम पाठक भी लाभान्वित हो सकेंगे।

—प्रो. बी.पी. खंडेलवाल
पूर्व चेयरमैन, सी.बी.एस.ई. एवं
शिक्षा निदेशक, उत्तर प्रदेश

विषय-सूची

माइक्रोसॉफ्ट ऑफिस 2003

नेटवर्क और इंटरनेट

कंप्यूटर मैनेजमेंट और रख-रखाव

1 कॉलम्स और टेबल्स (वर्ड 2003)

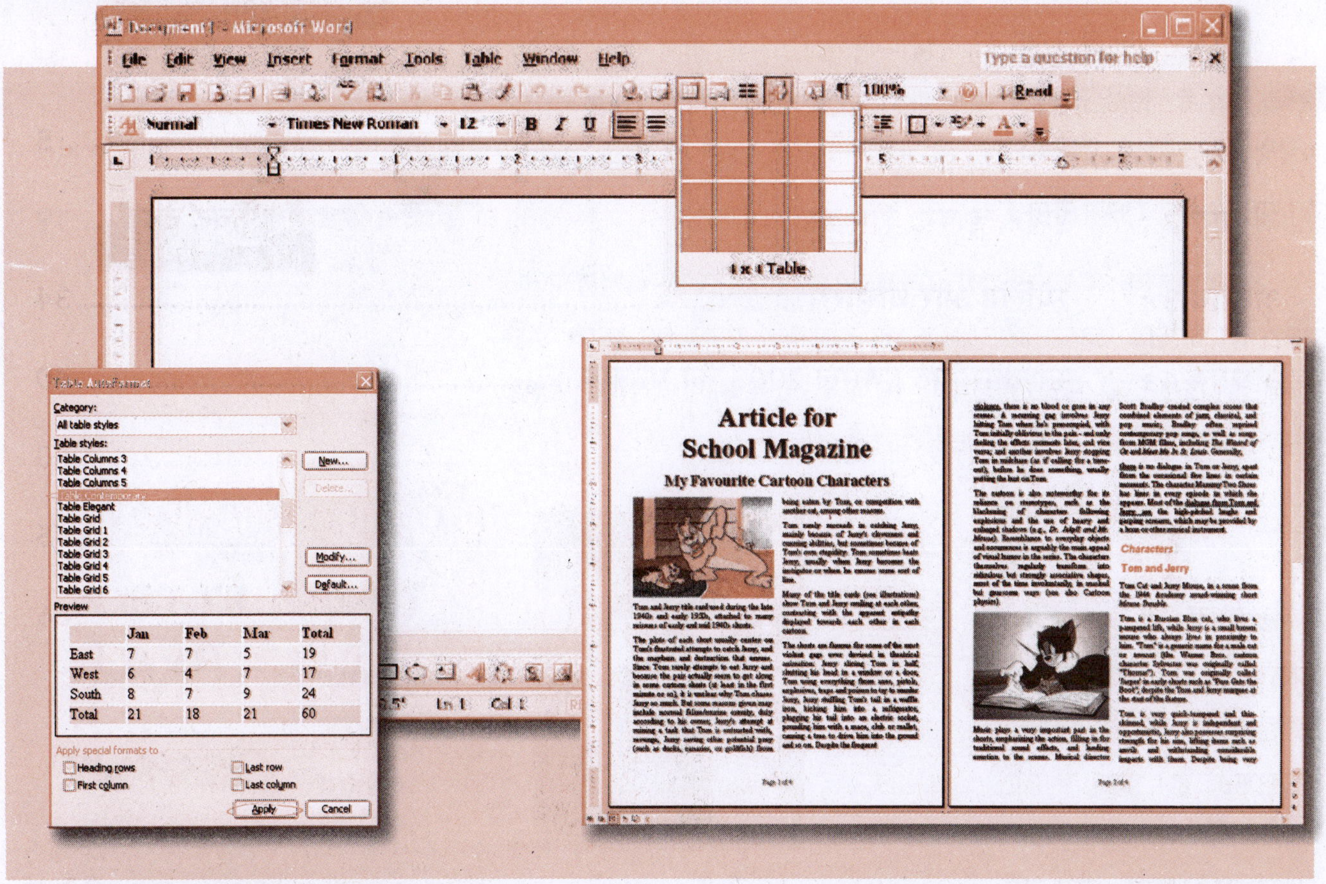

पिछली कक्षा में आपने माइक्रोसॉफ्ट वर्ड के डॉक्यूमेंट को बनाना और फॉरमेट करना सीखा। चलिए, अब उससे एक कदम आगे चलते हैं और देखते हैं कि कैसे हम वर्ड में कॉलम और टेबल बना सकते हैं। लेकिन शुरुआत करने से पहले नीचे दिए गए चित्रों पर नजर डालें।

दिए गए चित्र आपको अखबार, मैगजीन और न्यूजलेटर दिखाते हैं। आपने ऐसे ही कुछ न्यूजलेटर, मैगजीन, न्यूजपेपर आदि अपने घरों या स्कूलों में देखे होंगे। आपने देखा होगा कि उनके लेआउट बहुत ही खूबसूरत और साफ-सुथरे होते हैं।

अब दिए गए दो पन्नों को देखें—लेआउट 1 मैगजीन का एक पेज दिखा रहा है, जिसके साथ मल्टीपल कॉलम टेक्स्ट और इमेज भी हैं; जबकि लेआउट 2 मैगजीन का ही दूसरा पेज है, जहाँ निश्चित बनावट का पालन नहीं किया गया है।

कौन सा लुक आपको ज्यादा आकर्षक लगा? जाहिर है—पहलेवाला। मल्टीपल कॉलम टेक्स्ट और इमेज को इस्तेमाल करने की बहुत सारी वजहें हैं। टेक्स्ट को मल्टीकॉलम में अरेंज करने से आपको ज्यादा टेक्स्ट एक ही पेज में फिट करने में मदद मिलती है।

अगर बहुत सारा टेक्स्ट एक पेज पर है और यह एकदम बाएँ से शुरू होकर बिलकुल दाएँ मार्जिन तक फैला है तो काफी दिक्कत हो सकती है। पढ़ने में और देखने में भी यह उतना अच्छा नहीं लगता। जब आप मल्टीपल कॉलम यूज करते हैं तब एक लाइन में 6 से 10 शब्दों को सीमित करके टेक्स्ट बहुत आसानी से पढ़ा जा सकता है।

Layout-1 with columns and styles

Layout-2 without columns and structure

क्या आपको कभी आश्चर्य नहीं हुआ कि इतने आकर्षक पेज लेआउट डिजाइनर कैसे बना पाते हैं। वे इन पेजों को डिजाइन करने के लिए एक स्पेशल सॉफ्टवेयर का इस्तेमाल करते हैं, लेकिन एम.एस. वर्ड एक और सुविधा प्रदान करता है, जिससे आप अखबार जैसे कॉलम बना सकते हैं, जहाँ टेक्स्ट एक पतले कॉलम में नीचे तक जाता है और फिर अगले कॉलम में लगातार हो जाता है। आइए, देखते हैं कैसे—

कॉलम्स में काम करना

माइक्रोसॉफ्ट वर्ड एक इनबिल्ट फीचर के साथ आता है, जिससे न्यूजलेटर्स, मैगजीन पेज, बुलेटिंस, जर्नल आर्टिकल आदि बनाने के लिए कॉलम बनाए जा सकते हैं। जब आप इस फीचर को इस्तेमाल करते हैं तो टेक्स्ट अपने आप मल्टीपल कॉलम में बँट जाता है, जैसा कि यहाँ दिखाया गया है।

इस फीचर को इस्तेमाल करने के लिए **Column** बटन दबाएँ जो कि **Formatting Toolbar** पर है। फिर **Number of Columns** में उस संरचना पर क्लिक करें जो आपको ग्रिड में चाहिए। जैसा उपर्युक्त चित्र में दिखाया गया है। आप पूरे डॉक्यूमेंट के लिए जो निर्धारित करते हैं, वर्ड उतने खाने बना देता है। अपने डॉक्यूमेंट में कॉलम या खानों की संख्या बदलने के लिए पुनः यही क्रिया दोहराएँ।

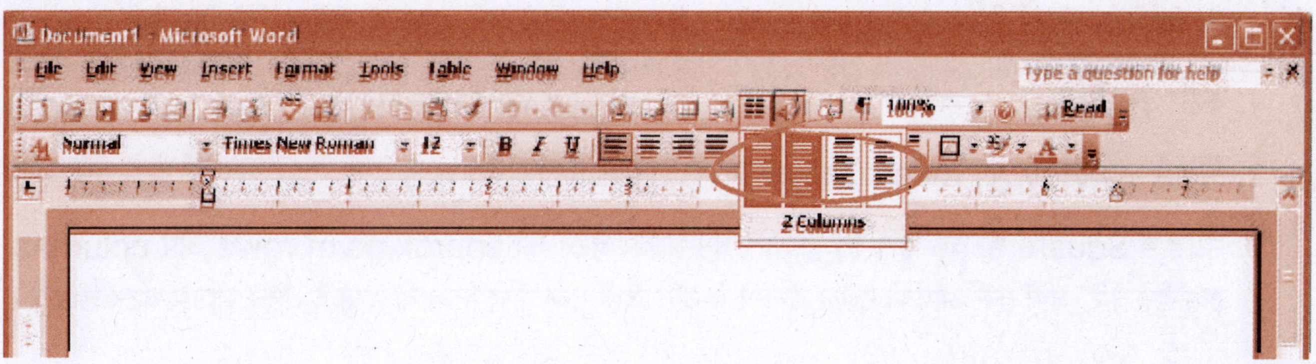

इस फीचर को इस्तेमाल करने के लिए **Column** बटन दबाएँ, जो कि **Formatting** Toolbar पर है। फिर Number of Columns में उस संरचना पर क्लिक करें, जो आपको grid में चाहिए। जैसा चित्र में दिखाया गया है। अपने डॉक्यूमेंट में नंबर ऑफ कॉलम्स को बदलने के लिए वही स्टेप फिर से लें।

टेबल्स में काम करना

अगर आप डॉक्यूमेंट को पूरा करने के लिए मल्टी कॉलम फॉरमेट एप्लाई नहीं करना चाहते हैं तो उसे एक पैराग्राफ में सीमित कर सकते हैं। इसके लिए टेक्स्ट को एप्लाई करके कॉलम बटन पर क्लिक करें, जो कि Formatting Toolbar पर है। आपने अपनी स्कूल की किताबों में टेबल या तालिकाएँ जरूर देखी होंगी। टेबल में कई तरह का आपस में जुड़ा डेटा होता है। इससे आप सूचना को मल्टीपल रो और कॉलम में रख सकते हैं, ताकि उसे सही समझा और पढ़ा जा सके।

माइक्रोसॉफ्ट वर्ड के टेबल फीचर ग्रिड के **रो** और **कॉलम** में ग्रिड टेक्स्ट को एलाइन करने का एक शक्तिशाली लचीला तरीका होता है, जिसमें हम टेक्स्ट लिखते हैं उसे Cells कहते हैं।

टेबल बनाना

एम.एस. वर्ड में टेबल तीन विधियों से तैयार की जा सकती है। तीनों तरीकों में अंतिम परिणाम एक समान रहता है।

1. **स्टैंडर्ड** टूलबार पर **इंसर्ट टेबल** बटन प्रयोग करके
2. **स्टैंडर्ड** टूलबार पर **टेबल और बॉर्डर** बटन प्रयोग करके, या
3. इस क्रम में सिलेक्ट करके **Table menu>Insert>Table** पर क्लिक करके।

आइए, देखते हैं कि कैसे हम **MS Word** अपना स्कूल टाइम टेबल बना सकते हैं।

DAYS	0	1	2	3	4		5	6	7
MON	CT	ENG	SST	ART	GAMES	BREAK	LIB	SST	MATH
TUE	CT	HINDI	ENG	SST	GAMES		SST	MATH	HINDI
WED	CT	MATH	HINDI	ENG	SST		MATH	HINDI	ENG
THU	CT	SCI	MATH	HINDI	ENG		HINDI	ENG	SCI
FRI	CT	SCI	SCI	MATH	HINDI		ENG	SCI	SCI

इसके लिए हम **इंसर्ट टेबल टूलबार बटन** का इस्तेमाल करते हैं, जो बाकी दो विधियों से तेज है।

1. कर्सर इंसर्शन पॉइंट को वहाँ पर ले जाएँ, जहाँ पर आपको **टेबल इंसर्ट** करनी है।
2. स्टैंडर्ड टूलबार पर बने **Insert Table** बटन पर क्लिक करें।
3. ग्रिड में Square है, वह सेल को दरशाता है। माउस बटन को approx.no.of rows और columns तक ड्रैग करें, जहाँ तक आपको टेबल बनानी है और जहाँ तक नीचे दिखाया गया है, फिर माउस बटन छोड़ दें।

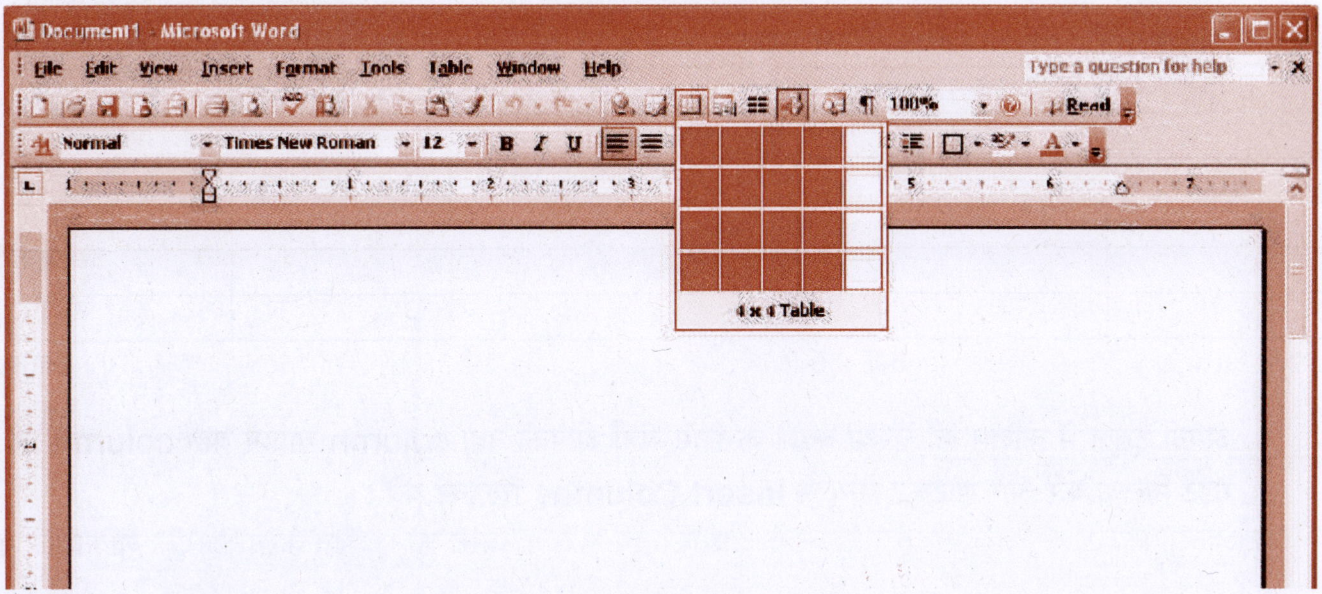

4 रो और 4 कॉलम की ब्लैंक टेबल दिखेगी, जैसे कि यहाँ दिखाई गई है।

4. अगर आप अपने टेबल में लाइनों की संख्या बढ़ाना चाहते हैं तो कर्सर को टेबल के अंतिम सेल में ले जाएँ और नए रो में इंसर्ट करने के लिए **Tab** दबाएँ।

6-C x 4-R

नई रो के लिए यहाँ टैब दबाएँ

5. टेबल में 6 रो पाने के लिए चौथा स्टेप दोहराएँ।

6-C × 6-R

6. अपनी टेबल में कॉलम की संख्या बढ़ाने के लिए जहाँ आपको नया column चाहिए वहाँ column पर राइट क्लिक करें और शॉर्टकट मेन्यू से **Insert Columns** सिलेक्ट करें।

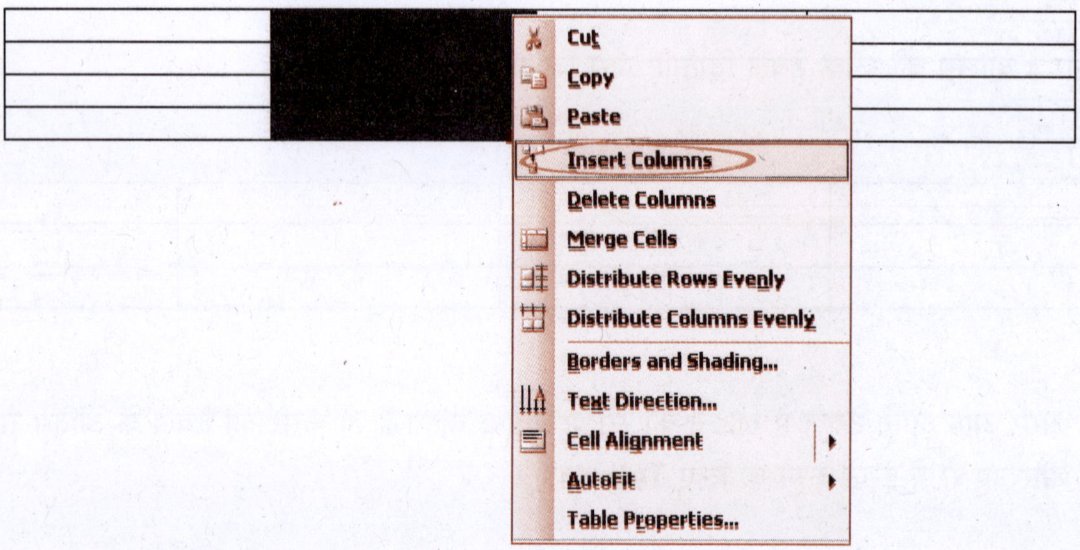

7. टेबल में दस कॉलम पाने के लिए स्टेप 6 को दोहराएँ।

8. टेबल में टेक्स्ट टाइप करना शुरू करें, जैसा कि आगे दिखाया गया है। एक सेल में content टाइप करने के बाद अगले सेल में जंप करने के लिए **Tab** दबाएँ। टेबल में कंटेंट टाइपिंग पूरा करें और सातवाँ कॉलम खाली छोड़ दें।

DAYS	0	1	2	3	4		5	6	7
MON	CT	ENG	SST	ART	GAMES		LIB	SST	MATH
TUE	CT	HINDI	ENG	SST	GAMES		SST	MATH	HINDI
WED	CT	MATH	HINDI	ENG	SST		MATH	HINDI	ENG
THU	CT	SCI	MATH	HINDI	ENG		HINDI	ENG	SCI
FRI	CT	SCI	SCI	MATH	HINDI		ENG	SCI	SCI

इस कॉलम को खाली छोड़ें

9. सातवें कॉलम के ऊपर अपना माउस ले जाएँ। जब कर्सर डाउन एरो ↓ में बदल जाए तब क्लिक करें, पूरा कॉलम सिलेक्ट हो जाएगा। अब सिलेक्ट कॉलम पर राइट क्लिक करें। शॉर्टकट मेन्यू से **Merge Cells** सिलेक्ट करें जैसा कि दिखाया गया है।

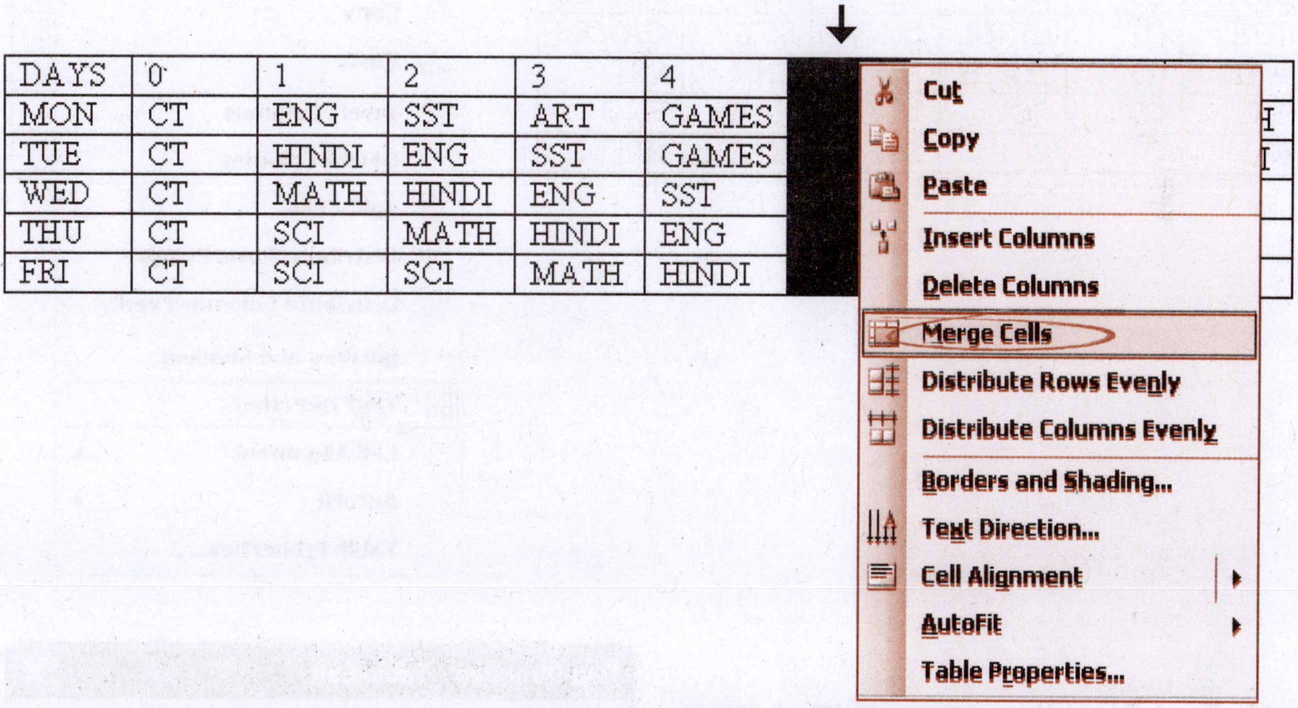

10. इससे उस कॉलम के सेल मर्ज हो जाएँगे, जैसा कि नीचे दिखाया है।

DAYS	0	1	2	3	4		5	6	7
MON	CT	ENG	SST	ART	GAMES		LIB	SST	MATH
TUE	CT	HINDI	ENG	SST	GAMES		SST	MATH	HINDI
WED	CT	MATH	HINDI	ENG	SST		MATH	HINDI	ENG
THU	CT	SCI	MATH	HINDI	ENG		HINDI	ENG	SCI
FRI	CT	SCI	SCI	MATH	HINDI		ENG	SCI	SCI

11. मर्ज कॉलम में “BREAK” टाइप करें।

DAYS	0	1	2	3	4	BREAK	5	6	7
MON	CT	ENG	SST	ART	GAMES		LIB	SST	MATH
TUE	CT	HINDI	ENG	SST	GAMES		SST	MATH	HINDI
WED	CT	MATH	HINDI	ENG	SST		MATH	HINDI	ENG
THU	CT	SCI	MATH	HINDI	ENG		HINDI	ENG	SCI
FRI	CT	SCI	SCI	MATH	HINDI		ENG	SCI	SCI

12. कॉलम पर राइट क्लिक करके शॉर्टकट मेन्यू से **Text Direction** सिलेक्ट करें।

DAYS	0	1	2	3	4	BRE
MON	CT	ENG	SST	ART	GAMES	
TUE	CT	HINDI	ENG	SST	GAMES	
WED	CT	MATH	HINDI	ENG	SST	
THU	CT	SCI	MATH	HINDI	ENG	
FRI	CT	SCI	SCI	MATH	HINDI	

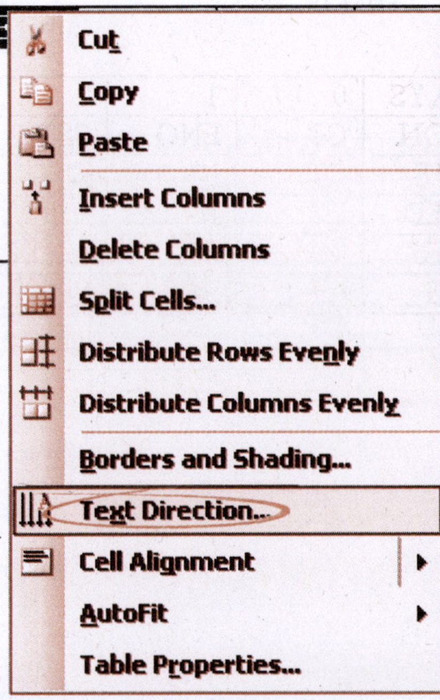

13. **Text Direction** डायलॉग बॉक्स आ जाएगा, जिस पर इच्छित खाने को सिलेक्ट करके **OK** बटन पर क्लिक करें।

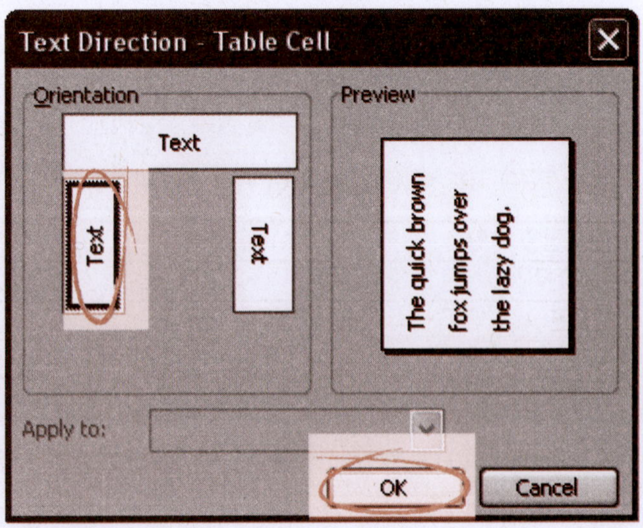

14. टेक्स्ट BREAK निम्न प्रकार से बदल जाएगा—

DAYS	0	1	2	3	4		5	6	7
MON	CT	ENG	SST	ART	GAMES	BREAK	LIB	SST	MATH
TUE	CT	HINDI	ENG	SST	GAMES		SST	MATH	HINDI
WED	CT	MATH	HINDI	ENG	SST		MATH	HINDI	ENG
THU	CT	SCI	MATH	HINDI	ENG		HINDI	ENG	SCI
FRI	CT	SCI	SCI	MATH	HINDI		ENG	SCI	SCI

15. लेकिन यह कुछ ठीक नहीं दिख रहा, इसलिए टेक्स्ट को सही तरीके से एलाइन कर लें, ताकि वह अच्छा दिखे, जैसा कि नीचे दिखाया गया है। कॉलम पर राइट क्लिक करके शॉर्टकट मेन्यू से **Cell Alignment** सिलेक्ट करें।

DAYS	0	1	2	3	4		5	6	7
MON	CT	ENG	SST	ART	GAMES		LIB	SST	MATH
TUE	CT	HINDI	ENG	SST	GAMES				
WED	CT	MATH	HINDI	ENG	SST				
THU	CT	SCI	MATH	HINDI	ENG				
FRI	CT	SCI	SCI	MATH	HINDI				

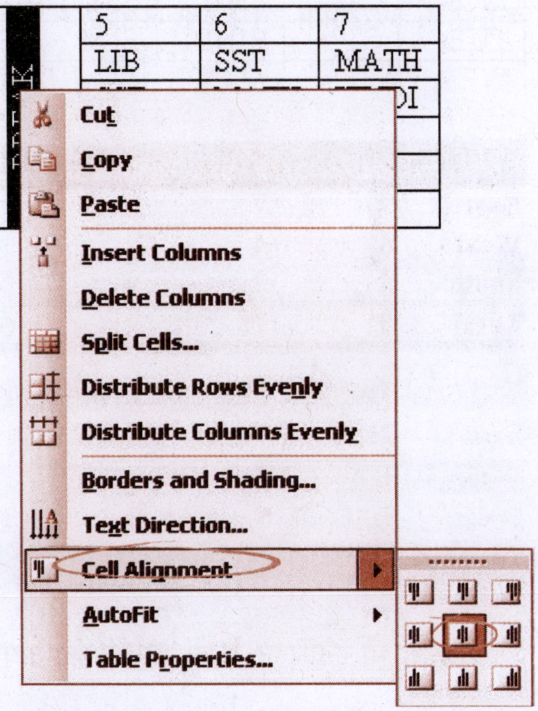

अलग-अलग तरह से एलाइनमेंट करके देखें। है न कितना मनोरंजक!

16. मनचाहा एलाइनमेंट (जैसे यहाँ सेंटर) चुनें, टेक्स्ट सेंटर एलाइन हो जाएगा।

DAYS	0	1	2	3	4		5	6	7
MON	CT	ENG	SST	ART	GAMES		LIB	SST	MATH
TUE	CT	HINDI	ENG	SST	GAMES		SST	MATH	HINDI
WED	CT	MATH	HINDI	ENG	SST	BREAK	MATH	HINDI	ENG
THU	CT	SCI	MATH	HINDI	ENG		HINDI	ENG	SCI
FRI	CT	SCI	SCI	MATH	HINDI		ENG	SCI	SCI

टेबल ऑटोफॉरमेट फीचर

अब आपका स्कूल टाइम टेबल अंतिम रूप से बन गया है। लेकिन अभी यह बिलकुल उबाऊ (बोरिंग) लग रहा है। आप इसके सेल, टेक्स्ट, बॉर्डर, लाइनों आदि को फॉरमेट एवं अरेंज करके आकर्षक बना सकते हैं। आप इसमें बहुत सी चीजें बदल सकते हैं। जैसे कि बॉर्डर लाइन की स्टाइल, चौड़ाई, रेंज, सेल बैकग्राउंड, फॉण्ट कलर, फॉण्ट साइज और फॉण्ट फॉरमेटिंग फीचर इत्यादि। इन्हें **टेबल स्टाइल** कहते हैं। आप इन खूबियों के साथ प्रयोग करके अपनी टेबल को ज्यादा आकर्षक दिखा सकते हैं।

मान लें कि आपके डॉक्यूमेंट में ढेर सारी टेबल्स हैं। इस परिस्थिति में सभी को एक-एक करके एक जैसा स्टाइल एप्लाई करना होगा। यह तरीका निश्चित ही बेहतर न होकर लंबा और अधिक समय लेनेवाला होगा।

इस समस्या से निपटने के लिए एम.एस. वर्ड ने विभिन्न तरह के टेबल स्टाइल उपलब्ध कराए हैं, जिन्हें कि आप अपनी टेबल की खूबसूरती बढ़ाने के लिए इस्तेमाल कर सकते हैं। अगर आपको डॉक्यूमेंट में एक सी टेबलें बनानी हों और आप उनसे एक जैसा लुक चाहते हैं तो यह एक अच्छी सोच होगी।

	Jan	Feb	Mar	Total
East	7	7	5	19
West	6	4	7	17
South	8	7	9	24
Total	21	18	21	60

	Jan	*Feb*	*Mar*	*Total*
East	7	7	5	19
West	6	4	7	17
South	8	7	9	24
Total	21	18	21	60

	Jan	**Feb**	**Mar**	**Total**
East	7	7	5	19
West	6	4	7	17
South	8	7	9	24
Total	21	18	21	60

	Jan	*Feb*	*Mar*	*Total*
East	7	7	5	19
West	6	4	7	17
South	8	7	9	24
Total	21	18	21	60

किसी भी इनबिल्ट टेबल स्टाइल को अपने टेबल पर एप्लाई करने के लिए ये स्टेप्स इस्तेमाल करें—

1. टेबल में कहीं भी क्लिक करें और **Table** menu>**Table auto format** चुनें। अब आपके सामने **Table Auto Format** का डायलॉग बॉक्स खुल जाएगा।

DAYS	0	1	2	3	4		5	6	7
MON	CT	ENG	SST	ART	GAMES	BREAK	LIB	SST	MATH
TUE	CT	HINDI	ENG	SST	GAMES		SST	MATH	HINDI
WED	CT	MATH	HINDI	ENG	SST		MATH	HINDI	ENG
THU	CT	SCI	MATH	HINDI	ENG		HINDI	ENG	SCI
FRI	CT	SCI	SCI	MATH	HINDI		ENG	SCI	SCI

2. **Table Auto Format** डायलॉग बॉक्स में विभिन्न टेबल स्टाइल पर क्लिक करें, ताकि वे डायलॉग बॉक्स के निचले आधे भाग में अपना प्रिव्यू दिखा सकें।

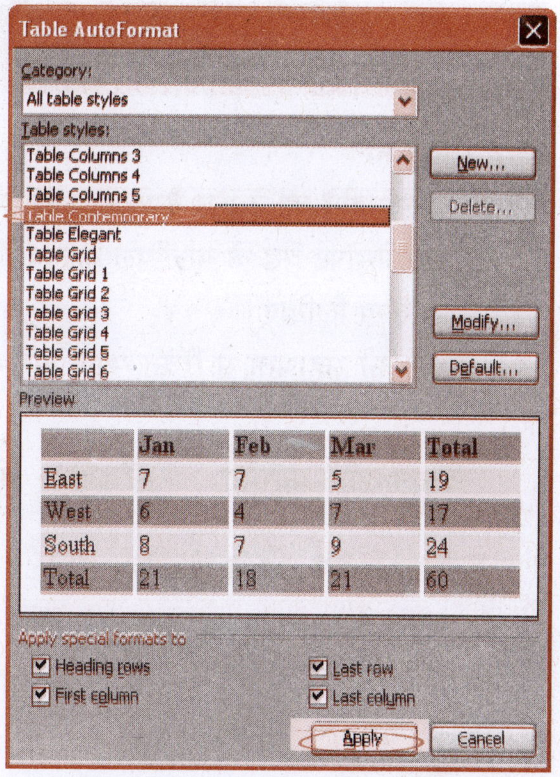

3. अपनी पसंद के किसी एक **एप्लाई** बटन पर क्लिक करें। हम Table contemporary स्टाइल सिलेक्ट कर रहे हैं।

4. जिस तरह का स्टाइल आपने एप्लाई किया है, अब उसी तरीके का आपका टेबल वैसा ही हो जाएगा।

अब **Table Auto Format** में जितने भी स्टाइल हैं, उनके साथ प्रयोग करें और देखें कि कौन सी स्टाइल आपको सबसे अच्छी लगती है, उसे एप्लाई करें और अपनी टेबल को खूबसूरत बनाएँ।

DAYS	0	1	2	3	4		5	6	7
MON	CT	ENG	SST	ART	GAMES	BREAK	LIB	SST	MATH
TUE	CT	HINDI	HINDI	SST	GAMES		SST	MATH	HINDI
WED	CT	MATH	ENG	ENG	SST		MATH	HINDI	ENG
THU	CT	SCI	MATH	HINDI	ENG		HINDI	ENG	SCI
FRI	CT	SCI	SCI	MATH	HINDI		ENG	SCI	SCI

याद करें

1. फॉरमेटिंग टूल में कॉलम बटन मल्टी कॉलम में टेक्स्ट को फॉरमेट करने में सहायता करता है।
2. टेबल—रो और कॉलम की ग्रिड होती हैं।
3. ग्रिड में इंडीविजुअल बॉक्स को Cells कहते हैं।
4. टेबल का तीन तरीकों से इस्तेमाल किया जाता है, लेकिन सभी के अंतिम नतीजे एक जैसे (बराबर) होते हैं।
   - **स्टैंडर्ड** टूल पर **इंसर्ट टेबल** बटन का प्रयोग करके।
   - **स्टैंडर्ड** टूल पर **टेबल्स और बॉर्डर टूलबार** बटन प्रयोग करके।
   - **Table menu > Insert > Table** सिलेक्ट करके।
5. टेबल ऑटो फॉरमेट फीचर बहुत आसानी और तेजी से टेबल की खूबसूरती बढ़ाने में इस्तेमाल किया जा सकता है।

अभ्यास

(अ) प्रैक्टिकल

1. चालू महीने का टेबुलर कैलेंडर बनाइए, जैसा कि इस अध्याय में सिखाया गया है।
2. माइक्रोसॉफ्ट वर्ड के मल्टीपल कॉलम विकल्प का प्रयोग करके अपनी स्कूल पत्रिका के लिए मिकी माउस पर लेख लिखिए।

(ब) शब्दों की सहायता से रिक्त स्थान भरें—

टेबल ऑटो फॉरमेट स्टैंडर्ड सेल एलाइनमेंट सेल्स कॉलम

1. माइक्रोसॉफ्ट वर्ड के मल्टीपल...................... फीचर का प्रयोग करके आप डॉक्यूमेंट को रोचक बना सकते हैं।
2. कॉलम बटन...................... टूलबार पर होता है।
3. माइक्रोसॉफ्ट वर्ड का...................... फीचर टेक्स्ट को टेबल के रो और कॉलम में एलाइन कर देता है।
4. टेबल में इंडीविजुअल बॉक्स...................... कहलाते हैं।
5. एम.एस. वर्ड के इनबिल्ट...................... फीचर का प्रयोग डॉक्यूमेंट में टेबल को एक जैसा लुक देने के लिए किया जा सकता है।

(स) निम्न आइकंस को मिलाएँ और पहचानें—

1. कॉलम्स	अ.	
2. टेबल	ब.	
3. टेक्स्ट डायरेक्शन	स.	
4. मर्ज	द.	
5. एलाइनमेंट	च.	

(द) निम्न सेल एलाइनमेंट के नाम लिखिए। एक आपके लिए करके दिखाया गया है।

ऊपर बाएँ

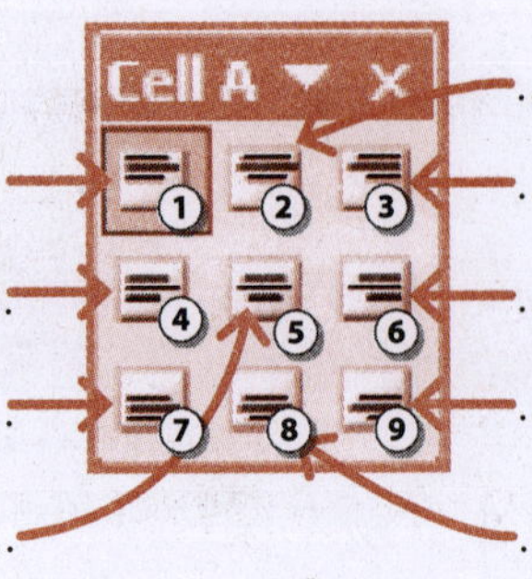

....
....
....
....
....
....
....
....

शिक्षकों से

- मल्टी-कॉलम्स के प्रयोग की अवधारणा समझाने के लिए छात्रों से प्रैक्टिकल कराएँ।
- ऐसी टेबल का उदाहरण दें, जो देखने में सुंदर और पढ़ने में आसान हो। ऐसी टेबल बनाने के लिए छात्रों को वर्ड का प्रयोग करने के लिए प्रोत्साहित करें।

बहुविकल्पीय प्रश्न

निम्न चार विकल्पों में से सही विकल्प पर (✓) निशान लगाएँ।

1. माइक्रोसॉफ्ट वर्ड में कॉलम बटन इसमें उपलब्ध होता है।

अ. स्टैंडर्ड टूलबार

ब. फॉरमेटिंग टूलबार

स. ड्राइंग टूलबार

द. इनमें से कोई नहीं

2. माइक्रोसॉफ्ट वर्ड में इस तरह टेबल बनाई जा सकती है—

अ. **स्टैंडर्ड** टूलबार में **इंसर्ट टेबल** बटन का प्रयोग करके।

ब. **स्टैंडर्ड** टूलबार में **टेबल्स और बॉर्डर टूलबार** बटन का प्रयोग करके।

स. **टेबल मेन्यू › इंसर्ट › टेबल** से **इंसर्ट टेबल** डायलॉग बॉक्स का प्रयोग करके।

द. उपर्युक्त सभी

3. एम.एस. वर्ड में टेबल में निम्न में से कौन सा विकल्प प्रयोग नहीं होता?

अ. इंसर्ट कॉलम

ब. डिलीट कॉलम

स. स्प्लिट सेल्स

द. रीस्टार्ट नंबरिंग

4. एम.एस. वर्ड में दो सेलों को जोड़ने के लिए कौन सा विकल्प प्रयोग होता है?

अ. स्प्लिट सेल्स

ब. जॉइन सेल्स

स. मर्ज सेल्स

द. इनमें से कोई नहीं

5. माइक्रोसॉफ्ट वर्ड में टेक्स्ट के मनचाहा खाना चुनने के लिए कौन से विकल्प का प्रयोग होता है?

अ. डिस्ट्रीब्यूट रो इवेनली

ब. डिस्ट्रीब्यूट कॉलम्स इवेनली

स. टेक्स्ट डायरेक्शन

द. इनमें से कोई नहीं

6. टेक्स्ट के लिए मनचाहा एलाइनमेंट चुनने के लिए कौन सा विकल्प प्रयोग होता है?

अ. ऑटोफिट

ब. बॉर्डर और शेडिंग

स. सेल एलाइनमेंट

द. इनमें से कोई नहीं

7. एम.एस. वर्ड में टेबल ऑटो फॉरमेट फीचर इनमें संकलित होता है—

अ. इमेज का

ब. क्लिपआर्ट का

स. फॉण्ट्स का

द. टेबल स्टाइल्स का

2 इमेज, ड्रॉइंग, शेप इंसर्ट करना और वर्ड-आर्ट के साथ टेक्स्ट में इफेक्ट देना

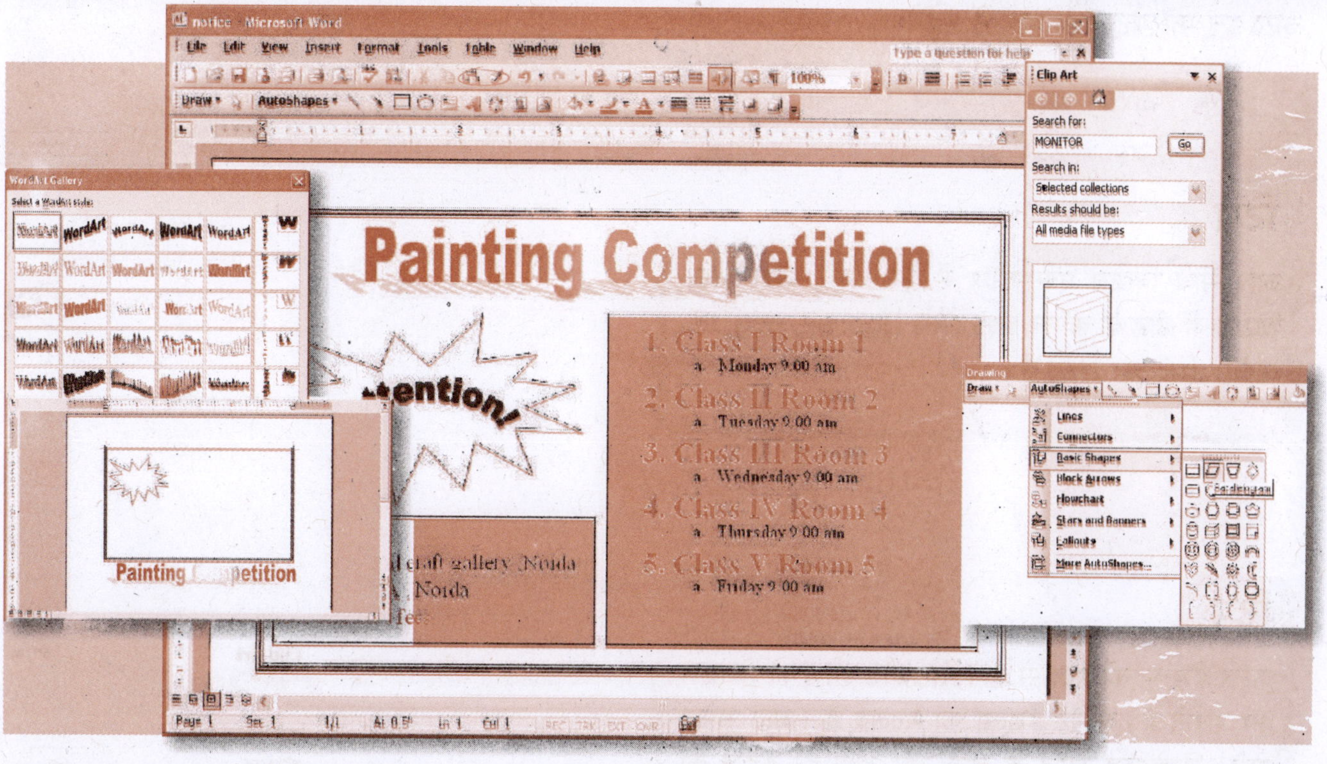

पिछले अध्याय में आपने कॉलम और टेबल के बारे में पढ़ा कि कैसे इनका इस्तेमाल अपने डॉक्यूमेंट को अच्छा दिखाने में कर सकते हैं। इन दोनों के अलावा अपने डॉक्यूमेंट को और आकर्षक दिखाने के बहुत से तरीके हैं। एक तरीका है कि हम खूबसूरत पिक्चर लगा दें। इसके अलावा जैसा कि आप जानते हैं कि एक अच्छी पिक्चर हजार शब्दों से ज्यादा कीमती या ज्यादा अर्थपूर्ण हो सकती है। आपको अपने डॉक्यूमेंटट में संबंधित चित्रों का इस्तेमाल करना चाहिए।

इस पाठ में आप सीखेंगे कि एम.एस. वर्ड की मदद से चित्रों को कैसे डॉक्यूमेंट में बना और लगा सकते हैं।

पिक्चर / इमेजेज

अपने डॉक्यूमेंट में इमेज लगाने के बहुत से तरीके हैं। इमेजेज आप पेंट में भी बना सकते हैं। स्केनर की मदद से आप उन्हें मैगजीन, किताबों, अखबारों आदि से स्केन कर सकते हैं। आप इंटरनेट से भी इमेज डाउनलोड कर सकते हैं। इनके अलावा अपने कंप्यूटर के माई पिक्चर या माई डॉक्यूमेंट फोल्डर की इमेजों का भी इस्तेमाल कर सकते हैं।

यदि इमेज आपके कंप्यूटर के किसी फोल्डर में है तो बिना किसी दिक्कत के वर्ड उसे इस्तेमाल कर सकता है।

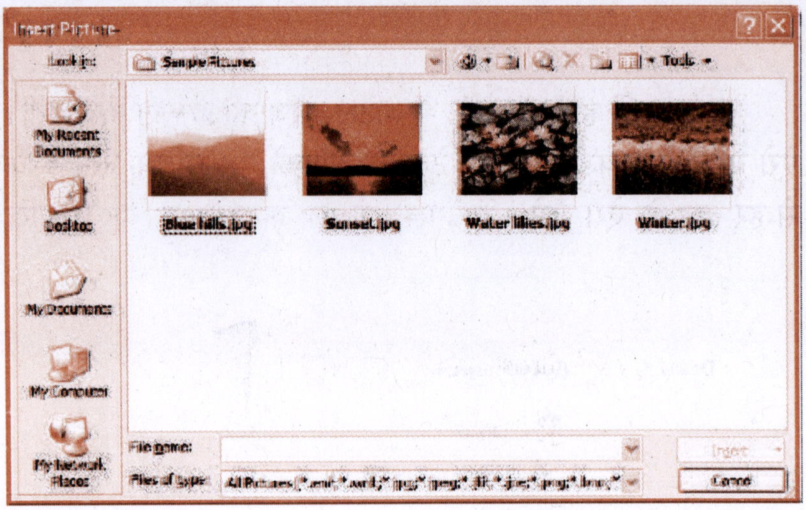

कुछ साधारण तरह के इमेज फॉरमेट हैं—**jpg, gif, png, tiff, wmf, emf, bmp, eps.** आदि। ऊँची कक्षाओं में आप इन फॉरमेट्स के बारे में पढ़ेंगे।

टिप

आप सीधे विंडोज एक्सप्लोरर से ड्रैग करके पावर पॉइंट विंडोज में छोड़ के कॉमन टाइप इमेज (jgp, gif, png, tif, आदि) इंसर्ट कर सकते हैं।

टिप

कॉर्नर हैंडल्स की मदद से आप सिलेक्टेड इमेज को रीसाइज कर सकते हैं। कॉर्नर हैंडल्स का मतलब है (आठ सफेद गोले) सिलेक्टेड इमेज के चारों ओर आप हरे हैंडल का इस्तेमाल इमेज को घुमाने के लिए कर सकते हैं। इसका विस्तार क्लिक और ड्रैग से कर सकते हैं।

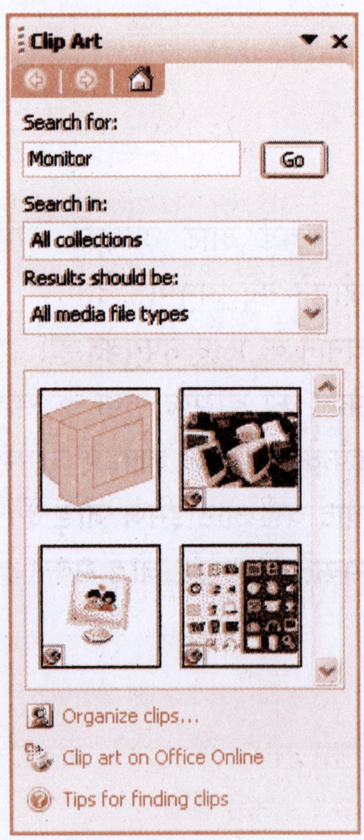

क्लिप आर्ट इमेजेज

एम.एस. ऑफिस सुइट क्लिप आर्ट इमेज के भंडार के साथ ही आता है। क्लिप आर्ट इमेज पहले से बने चित्रों को रेफर करते हैं, जो कि एम.एस. ऑफिस सुइट में स्टोर होते हैं। जब आप क्लिप आर्ट ढूँढ़ते हैं तो वर्ड अपने आप अलग-अलग स्रोतों से इमेज इकट्ठा कर लेता है और क्लिप आर्ट टास्क पैन में इन इमेजेज को खोल सकते हैं।

ड्रॉइंग शेप

कभी-कभी हमें डॉक्यूमेंट में जटिल इमेज की जरूरत नहीं होती। हमें कुछ आसान-सा चाहिए होता है, जैसे कि ऐरो या बॉक्स। वर्ड का ड्रॉइंग टूलबार आपको यह सुविधा देता है कि आप ड्रॉइंग टूलबार पर ऑटो शेप्स की मदद से हर तरह के ऐरो जैसे—रेक्टेंगल, ओवल, कालआउट, बैनर्स आदि जल्दी से बना सकते हैं।

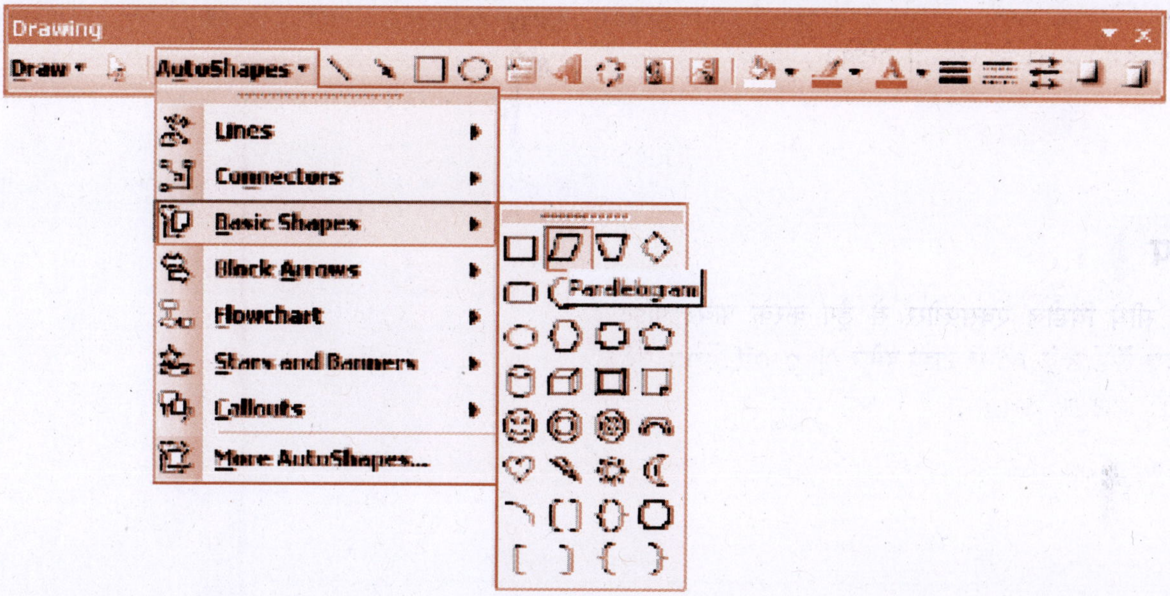

वर्ड आर्ट से स्पेशल इफेक्ट देना

वर्ड आर्ट आपको स्पेशल इफेक्ट टेक्स्ट में जोड़ने की अनुमति देता है। यह विशेषकर हेडिंग्स बनाने के लिए उपयुक्त है। पहले आप अपने वर्ड या फ्रेज को बेसिक लुक के साथ स्टार्ट करें, फिर जो इफेक्ट आपको चाहिए उसमें बदल दीजिए। इसके बाद वर्ड आर्ट इमेज जोड़ दें। उसे आप रीसाइज कर सकते हैं, बॉर्डर जोड़ सकते हैं आदि।

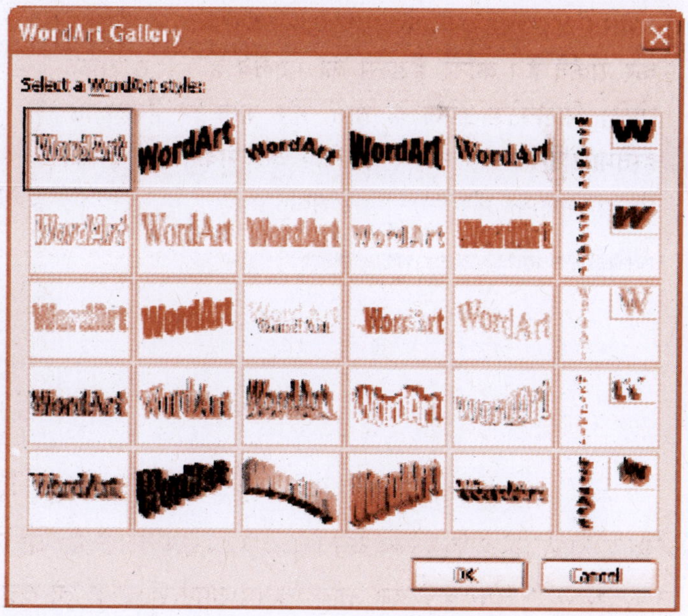

आइए, वर्ड आर्ट और इसकी अन्य विशेषताओं की मदद से पेंटिंग कंपटीशन के लिए एक नोटिस बनाते हैं।

1. ड्रॉइंग टूलबार पर बने **Rectangle** बटन को क्लिक करें और रेक्टेंगल बनाएँ। **Fill colour** बटन पर क्लिक करके **No Fill** को सिलेक्ट करें।

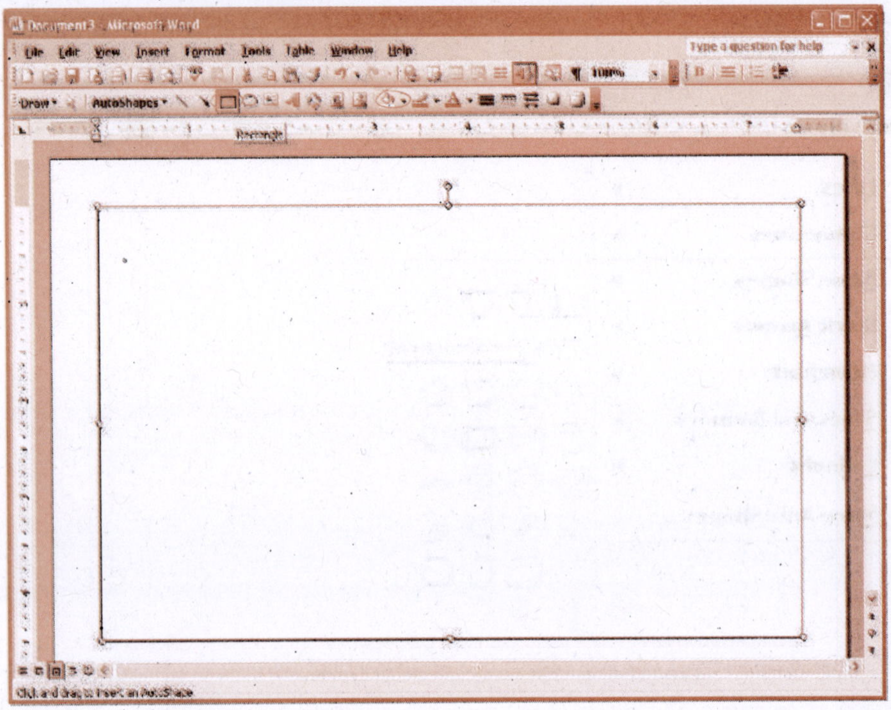

2. **Line Style** बटन पर क्लिक करें और उपयुक्त लाइन स्टाइल सिलेक्ट करें (अपने केस में 6 pt)।

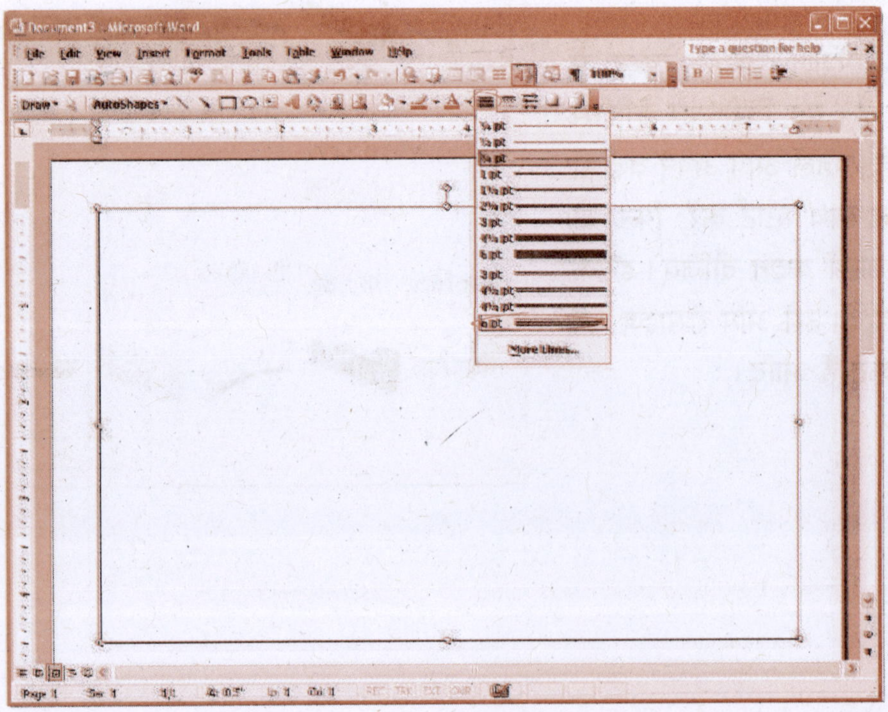

3. चुनी गई लाइन स्टाइल के अनुसार रेक्टेंगल की आउटलाइन बदल जाएगी।

4. **ड्रॉइंग** टूलबार पर बने **Auto Shapes > Stars and Banners** पर क्लिक करें और अपनी पसंद का बैनर या स्टार सिलेक्ट करें।

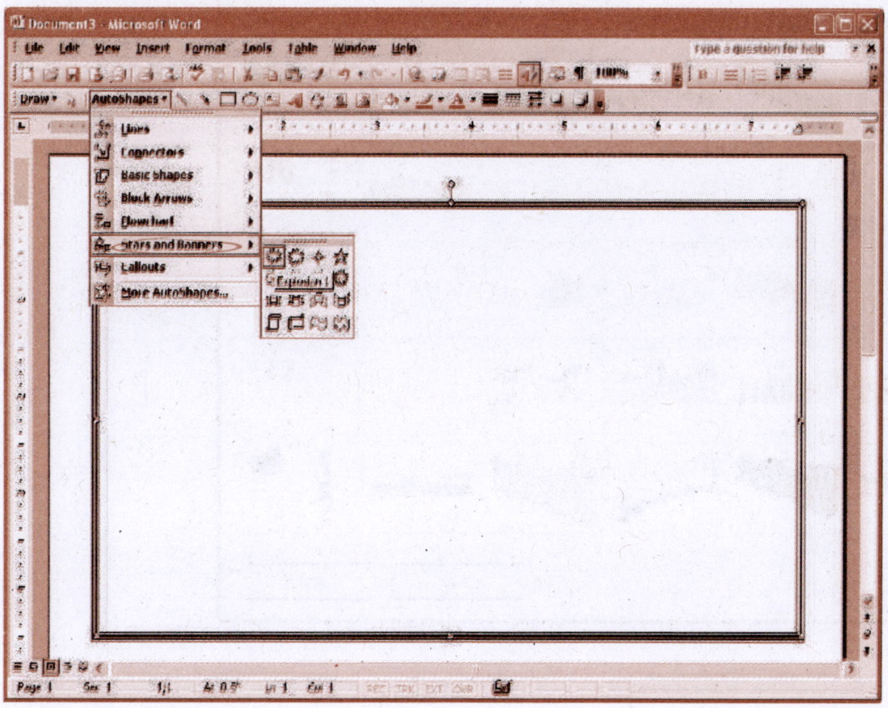

5. माउस को ड्रैग करके (rectangle) रेक्टेंगल के अंदर अपनी पसंद का वर्ड आर्ट स्टाइल चुनें।

6. इंसर्ट **WordArt** बटन पर क्लिक कीजिए और अपनी पसंद की वर्ड-आर्ट स्टाइल चुनिए।

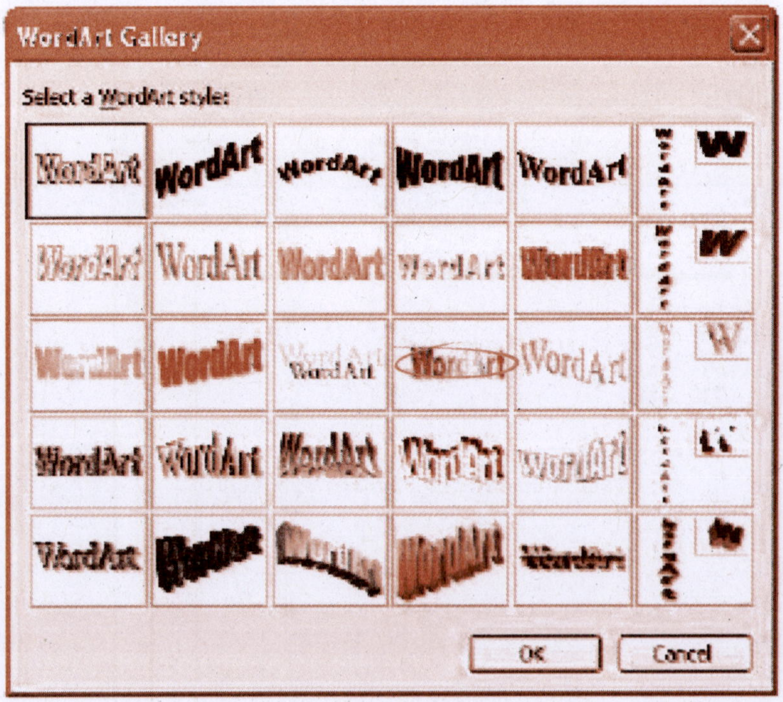

7. **Edit WordArt Text** बॉक्स में **Painting Competition** टाइप करें और **OK** पर क्लिक करें, जैसे कि दिखाया गया है।

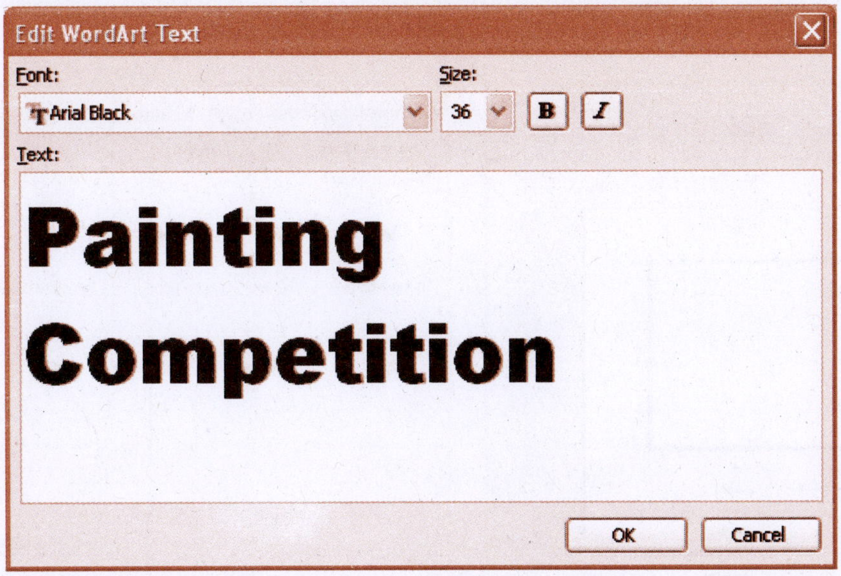

8. **Painting Competition** टेक्स्ट आपके डॉक्यूमेंट में वर्ड आर्ट ऑब्जेक्ट के तौर पर आ जाएगा। अब माउस को ड्रैग करके यह प्रयास करें कि वर्ड आर्ट ऑब्जेक्ट अपने मनचाहे स्थान पर आ जाए। हो सकता है कि आप उसे रेक्टेंगल पर सही तरीके से न रख पाएँ। उसे सही स्थान पर रखने के लिए अगले स्टेप का अनुसरण करें।

9. **Painting Competition** को बैनर के अंदर रखने के लिए **वर्ड आर्ट** ऑब्जेक्ट पर राइट क्लिक करें और **'Format Word Art'** डायलॉग बॉक्स के Layout टैब के **in front of text** को सिलेक्ट करें। अब वर्ड आर्ट ऑब्जेक्ट को मनचाहे स्थान तक ड्रैग करें।

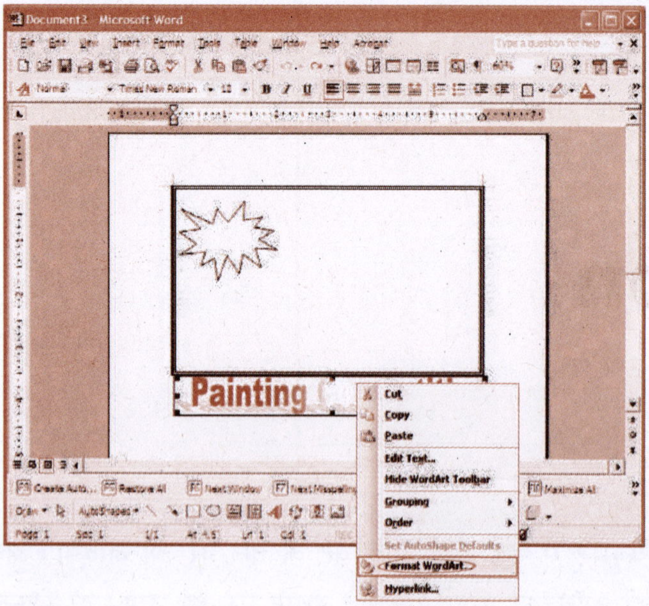

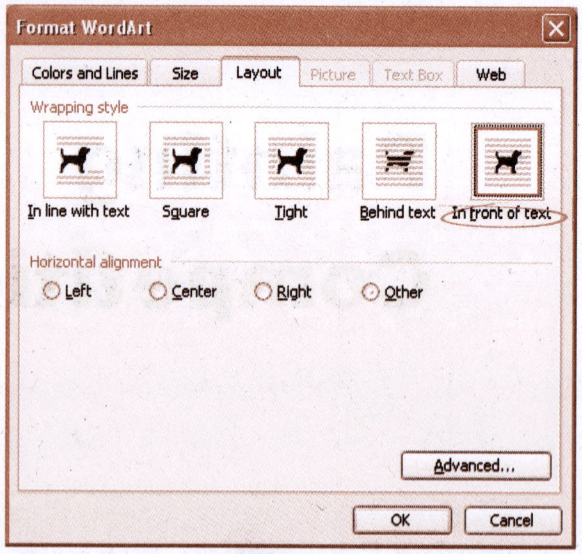

10. 'Attention' के लिए वही स्टेप दोहराएँ। वर्ड आर्ट ऑब्जेक्ट बनाएँ। राइट क्लिक करें और **'Format Word Art'** डायलॉग बॉक्स के लेआउट टैब से 'In front of text' सिलेक्ट करके बैनर के अंदर ड्रैग करें। स्टार के अंदर फिट करें, जो कि हमने आउटलाइन के कॉर्नर को ड्रैग करके बनाया था, जैसा कि नीचे दिखाया गया है।

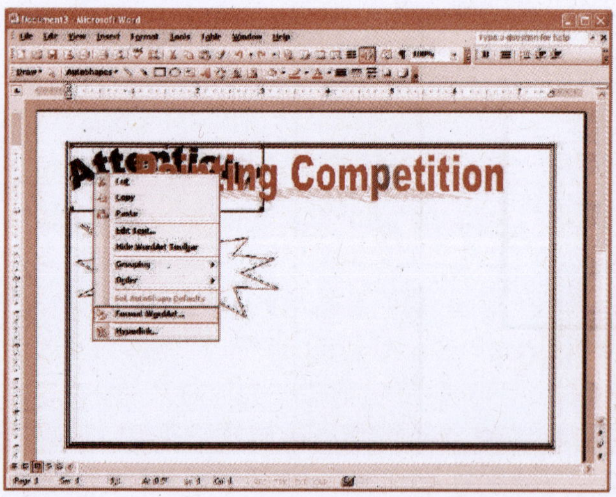

11. इसके बाद **Rectangle tool** का इस्तेमाल करके एक दूसरा रेक्टेंगल बनाएँ जैसा नीचे दिखाया गया है।

12. रेक्टेंगल पर राइट क्लिक करें। रेक्टेंगल में टेक्स्ट लिखने के लिए Add Text पर क्लिक करें।

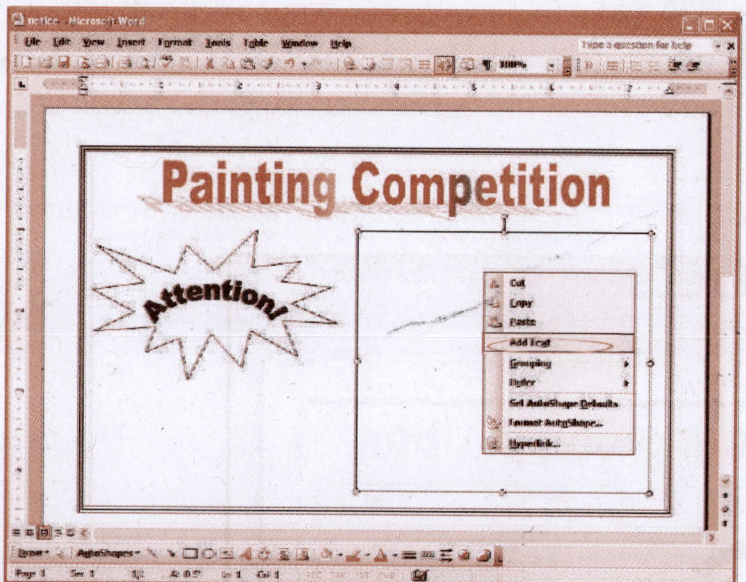

अतिरिक्त जानकारी : बुलेट, नंबर, लिस्ट

टेक्स्ट के पहले कोई डॉट या कोई और निशान, जिसे कि लिस्ट में आइटम emphasis को विशेष तौर पर दरशाने के लिए जोड़ते हैं, इसे **बुलेट** कहते हैं। बुलेट के साथ आइटम की लिस्ट को बुलेटिड लिस्ट कहते हैं। बुलेट के सामान्य निशान में (Alt+0149) , * , _ , आदि आते हैं। लिस्ट में नंबर को आप विशेष तौर पर दरशाना चाहते हैं तो नंबर्स भी इस्तेमाल कर सकते हैं। जब आप लिस्ट में बुलेट की जगह नंबर्स इस्तेमाल करते हैं तो लिस्ट को **नंबर लिस्ट** कहते हैं। कुछ साधारण तरह के नंबरिंग सिस्टम हैं जैसे—1.2.3, i.ii.iii, a.b.c.,a).b).c), इत्यादि। वर्ड में ये स्वत: ही बनाए जा सकते हैं।

13. **फॉरमेटिंग** टूलबार पर बने **नंबरिंग** बटन पर क्लिक करें। इस फीचर से जैसे ही आप टाइप करते हैं, टेक्स्ट की नंबरिंग अपने आप हो जाती है। जब भी आप की-बोर्ड में **Enter** की दबाएँगे, तब जैसे ही आप नया टेक्स्ट टाइप करेंगे, अपने आप एक नया नंबर बन जाएगा। ऑटोमैटिक नंबरिंग रोकने के लिए दो बार **Enter** की दबा सकते हैं।

अब घटना की जानकारी टाइप करना स्टार्ट करें। जब कभी जरूरत हो, **increase indent** पर क्लिक करें; टेक्स्ट लेवल को दूसरे लेवल पर खिसकाने के लिए) और **फॉरमेटिंग** टूलबार पर बने **decrease indent** पर क्लिक करें (टेक्स्ट लेवल को फिर से पहले पर खिसकाने के लिए) आप वही नतीजे की-बोर्ड की TAB या Shift+TAB key दबाकर पा सकते हैं।

अतिरिक्त जानकारी : वर्ड की ऑटोमेटिक बुलेट एवं नंबरिंग

वर्ड में जैसे आप लिखते हैं, आप स्वयं बुलेटिड और नंबर्ड लिस्ट बना सकते हैं, या फिर टेक्स्ट की मौजूदा लाइनों में बुलेट और नंबर जोड़ सकते हैं। वर्ड के पास बुलेट और नंबर्स को अपने आप जोड़ने का फीचर होता है। आप आसानी से इन बटन पर क्लिक करके सामान्य बुलेट्स और नंबर पा सकते हैं या **Format>Bullets and Numbering---** को सिलेक्ट करके पूरी फंक्शनलिटी पा सकते हैं। अपने डॉक्यूमेंट की लिस्ट में कुछ अच्छे बुलेट्स और नंबर जोड़ने के लिए डायलॉग बॉक्स में उपलब्ध ऑप्शंस का विचार करें।

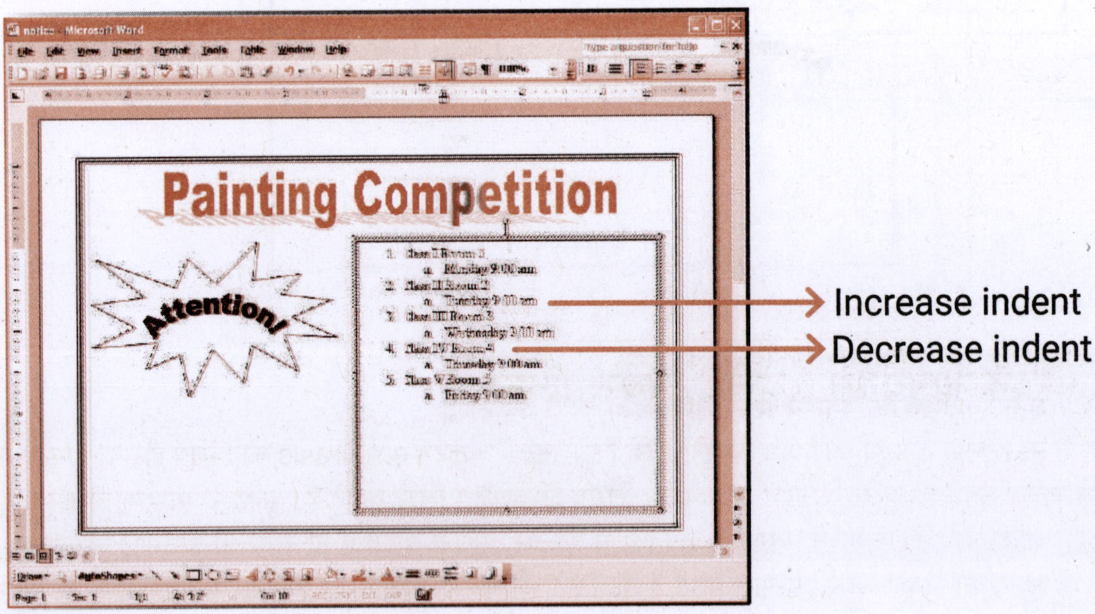

14. रेक्टेंगल के अंदर टेक्स्ट को सिलेक्ट करें और Times New Roman में उसके कलर, साइज और स्टाइल बदलें। साइज—16 pt और बोल्ड करें। पहली लाइन के फॉरमेट को दूसरी लाइन में कॉपी करने के लिए स्टैंडर्ड टूलबार पर बने **फॉरमेट पेंटर** पर क्लिक करें। लाइन 1 को सिलेक्ट करें, फॉरमेट पेंटर बटन पर क्लिक करें और कर्सर को लाइन 2 पर ड्रैग करें, जैसा कि दिखाया गया है। सभी लाइनों के लिए वही स्टेप दोहराएँ।

अतिरिक्त जानकारी : फॉरमेट पेंटर

फॉरमेट पेंटर एक अद्भुत टूल है, जो सिलेक्ट किए गए ऑब्जेक्ट या टेक्स्ट की स्टाइल कॉपी करके दूसरे ऑब्जेक्ट या टेक्स्ट पर एप्लाई कर सकता है।

एक से अधिक आइटम को फॉरमेटिंग के लिए कॉपी करने के लिए फॉरमेट पेंटर बटन पर क्लिक करते हैं और फिर प्रत्येक आइटम पर बारी-बारी से क्लिक करते हैं। काम पूरा होने के बाद Escape को दबाते हैं।

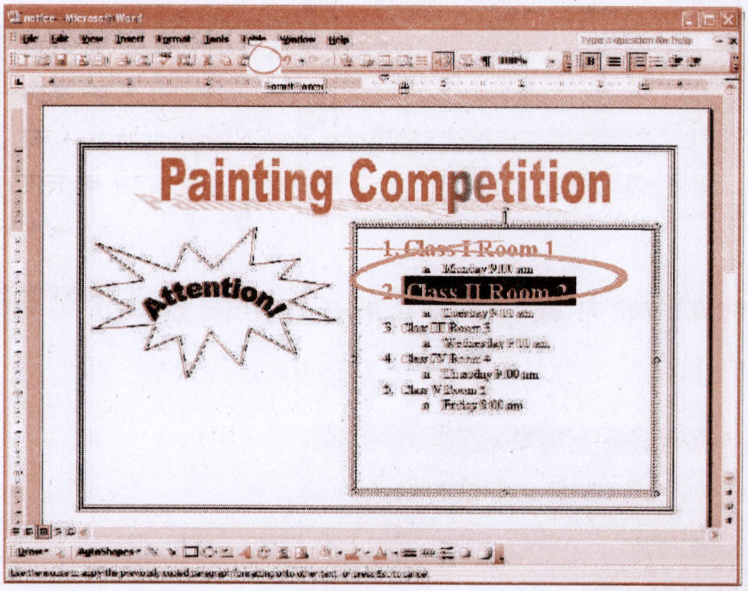

15. रेक्टेंगल टूल का प्रयोग करते हुए एक दूसरा रेक्टेंगल बनाएँ, जैसा कि सामने दिखाया गया है।

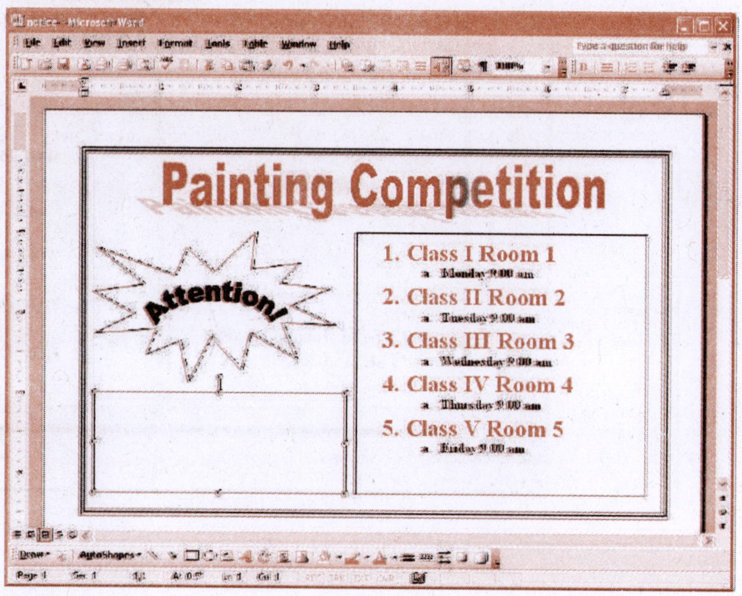

16. राइट क्लिक करके **'Add Text'** सिलेक्ट करें और फिर रेक्टेंगल के अंदर 'Venue' टेक्स्ट टाइप करें। बुलेट बनाने के लिए फॉरमेटिंग टूलबार पर बने बुलेट बटन पर क्लिक करें।

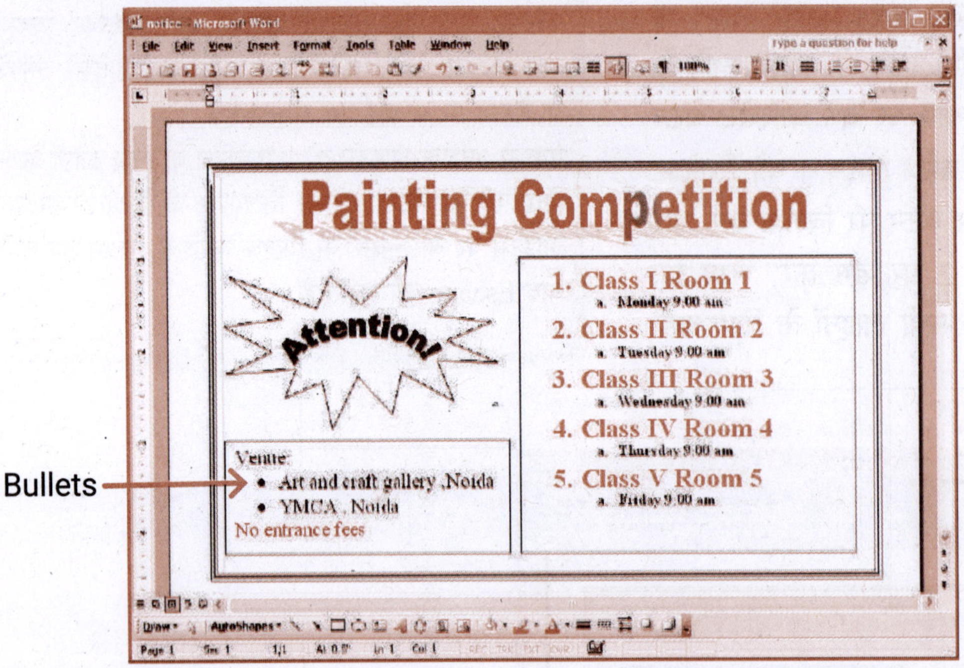

17. ड्रॉइंग टूलबार पर बने **Fill Colour** बटन की मदद से आप नोटिस में कलर भर सकते हैं, जैसा कि नीचे दिखाया गया है।

18. फाइनल नोटिस नीचे दिए गए चित्र की तरह दिखेगा।

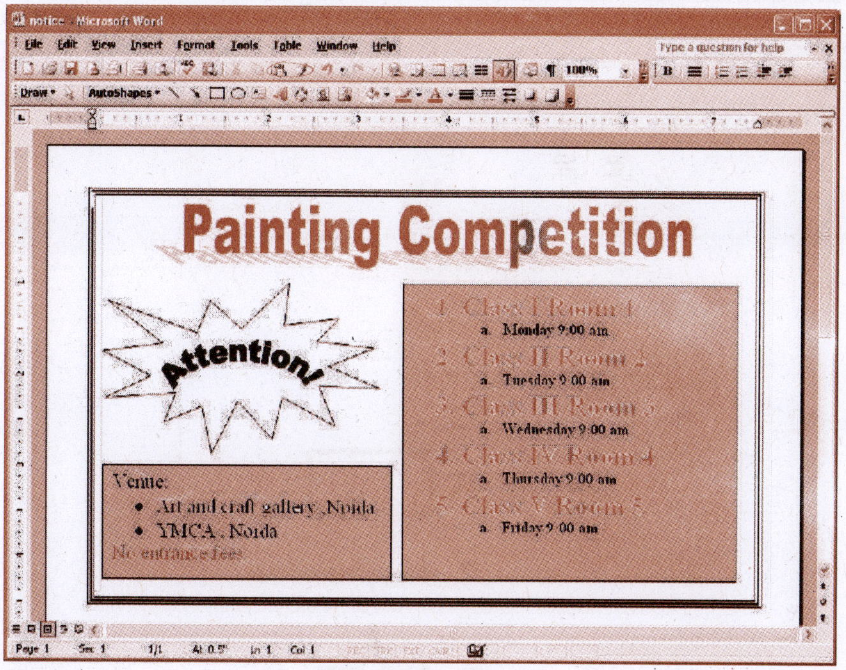

Notice.doc नाम से उस फाइल को Save कर दें।

स्टैंडर्ड टूलबार पर बने **प्रिंटर बटन** को क्लिक करके आप प्रिंटआउट भी निकाल सकते हैं। स्टैंडर्ड टूलबार पर बनें **Print preview बटन** को Click करके प्रिंट होने से पहले ही नोटिस को देख सकते हैं।

File>Print Preview या **File>Print** से प्रिंटिंग ऑप्शन सिलेक्ट किए जा सकते हैं। प्रिंटिंग के लिए शॉर्टकट की **Ctrl+P** है।

याद करें

- क्लिप आर्ट इमेज पहले से बने इलस्ट्रेशंस (कंप्यूटर या हाथ से बने चित्र) होते हैं, जो कि एम.एस. ऑफिस सुइट में पहले से स्टोर होते हैं।
- **Ctrl+P** प्रिंटिंग के लिए शॉर्टकट कीज है।
- वर्ड आर्ट आपको अपने टेक्स्ट में स्पेशल इफेक्ट जोड़ने की सुविधा देता है।

अभ्यास

(अ) निम्न टूल्स को पहचानें—

 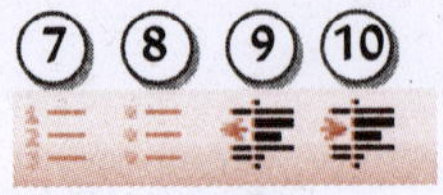

1. .... 2. .... 3. ....

4. .... 5. .... 6. ....

7. .... 8. .... 9. ....

10. ....

(ब) निम्न का मिलान करें—

1. लाइन	अ. 
2. बेसिक शेप	ब. 
3. ब्लॉक ऐरो	स. 
4. फ्लो चार्ट	द. 
5. स्टार्स और बैनर्स	च. 
6. कॉलआउट	छ. 

(स) निम्न रैपिंग स्टाइल को पहचानें—

1. .... 2. .... 3. ....

4. .... 5. ....

(द) प्रैक्टिकल

पाठ में बताए गए फीचर्स प्रयोग करके एक बर्थ-डे कार्ड बनाइए।

शिक्षकों से

1. कक्षा में इस बात पर बातचीत कराएँ कि क्या बच्चों के पास डॉक्यूमेंट को और अच्छा बनाने के लिए दिए गए तरीकों के अलावा कोई और तरीका है।
2. उदाहरण की मदद से विद्यार्थियों को क्लिप आर्ट का कॉन्सेप्ट समझाएँ।

बव्ढडस्कल्पफ्र पळछन

निम्न चार विकल्पों में से सही विकल्प पर (✔) निशान लगाएँ।

1. इनमें से कौन सा इमेज फॉर्मेट है?

अ. jpg, gif, png

ब. tiff, wmf, emf

स. bmp,eps

द. उपर्युक्त सभी

2. एम.एस. वर्ड का ड्रॉइंग टूलबार आपको जल्दी बनाने देता है—

अ. सभी तरह के ऐरो

ब. रेक्टेंगल्स और ओवल्स

स. कॉलआउट्स और बैनर्स

द. उपर्युक्त सभी

3. एम.एस. वर्ड में आपकी वर्ड आर्ट, टेक्स्ट में ऑटोमैटिक प्रयोग करके स्पेशल इफेक्ट्स लगाने देता है—

अ. फॉण्ट्स

ब. स्टाइल्स और फॉरमेटिंग

स. वर्ड आर्ट

द. इनमें से कोई नहीं

4. फॉण्ट का कलर, फॉण्ट स्टाइल आदि को एक ही टेक्स्ट पर कॉपी करने के लिए और उसी को दूसरे टेक्स्ट पर एप्लाई करने के लिए हम इस्तेमाल करते हैं—

अ. कॉपी और पेस्ट

ब. फॉरमेट पेंटर

स. फॉरमेटिंग टूलबार

द. इनमें से कोई नहीं

5. बुलेट और नंबर ऑप्शंस इन पर मौजूद होते हैं—

अ. स्टैंडर्ड टूलबार

ब. फॉरमेटिंग टूलबार

स. ड्रॉइंग टूलबार

द. इनमें से कोई नहीं

3 स्पेलिंग और थीसॉरस

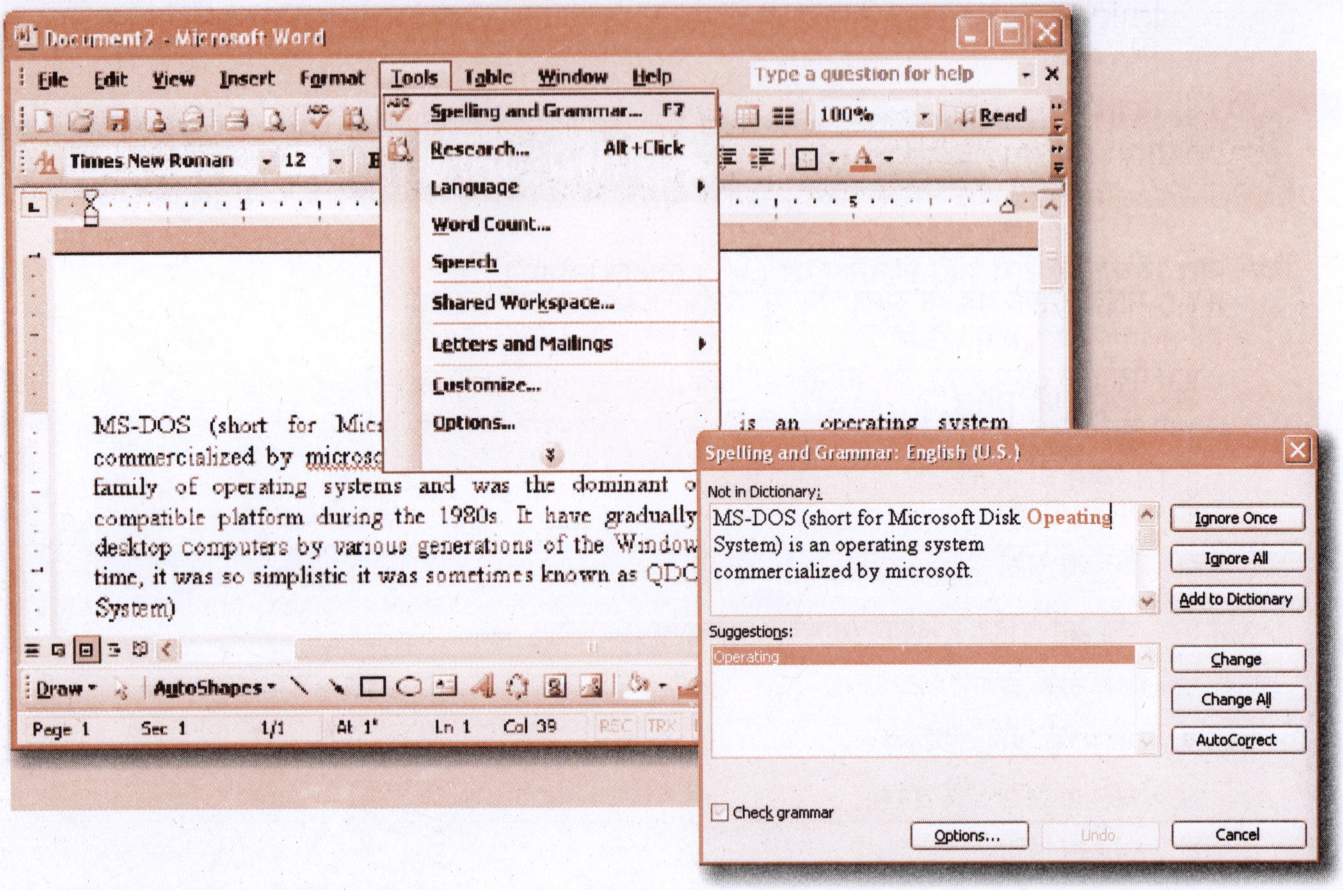

कई बार जब हम लिखते या टाइप करते हैं तो स्पेलिंग गलत हो जाती है। यह गलती भी हो सकती है या हम कभी-कभी स्पेलिंग को लेकर आश्वस्त नहीं होते! बात चाहे जो हो, पढ़नेवाले के लिए तकलीफदेह होती है और लिखनेवाले का खराब इंप्रेशन पड़ता है।

डॉक्यूमेंट में गलत स्पेलिंग से बचने के लिए एम.एस. वर्ड में **Spell Check** फीचर पहले से जुड़ा होता है। यह फीचर स्पेलिंग को सही करने के लिए इस्तेमाल होता है और वाक्य में ग्रामर चेक करने के भी काम आता है।

अतिरिक्त जानकारी : वर्ड की डिक्शनरी

क्या आपको पता है, वर्ड के पास खुद की डिक्शनरी होती है, जो डिक्शनरी से शब्दों की आपस में तुलना करके स्पेलिंग चेक करती है। अगर कोई शब्द डिक्शनरी में नहीं हो तो उसे एरर या गलती समझ लिया जाता है और उसे लाल लाइन से अंडरलाइन कर दिया जाता है। वर्ड गलत शब्द से मिलता-जुलता शब्द, जो कि डिक्शनरी में उसलब्ध हो, दिखाता है।

स्पेल चेक फीचर को किसी भी सिलेक्शन (एक शब्द से पूरे डाक्यूमेंट तक) के लिए इस्तेमाल किया जा सकता है।

फन टाइम : निम्न पैराग्राफ को पढ़िए

Aoccdrnig to a rsechearch at an Elingsh uinervtisy, it deosn't mttaer in waht oredr the ltteers in a wrod are, the olny iprmoetnt tihng is taht frist and lsat ltteer is at the rghit pclae. The rset can be a toatl mses and you can sitll raed it wouthit porbelm. Tihs is bcuseae we do not raed ervey lteter by itslef but the wrod as a wlohe.

आइए, माईक्रोसॉफ्ट वर्ड के स्पेल चेक फीचर को इस्तेमाल करना सीखते हैं—

1. एक पैराग्राफ टाइप कर दिया गया है, जैसा कि दिखाया गया है, ताकि आप स्पेल चेक फीचर को समझ सकें। आप वही पैराग्राफ इस्तेमाल कर सकते हैं या फिर एक नया पैराग्राफ अपनी पसंद का टाइप कर सकते हैं। नतीजे भिन्न हो सकते हैं।

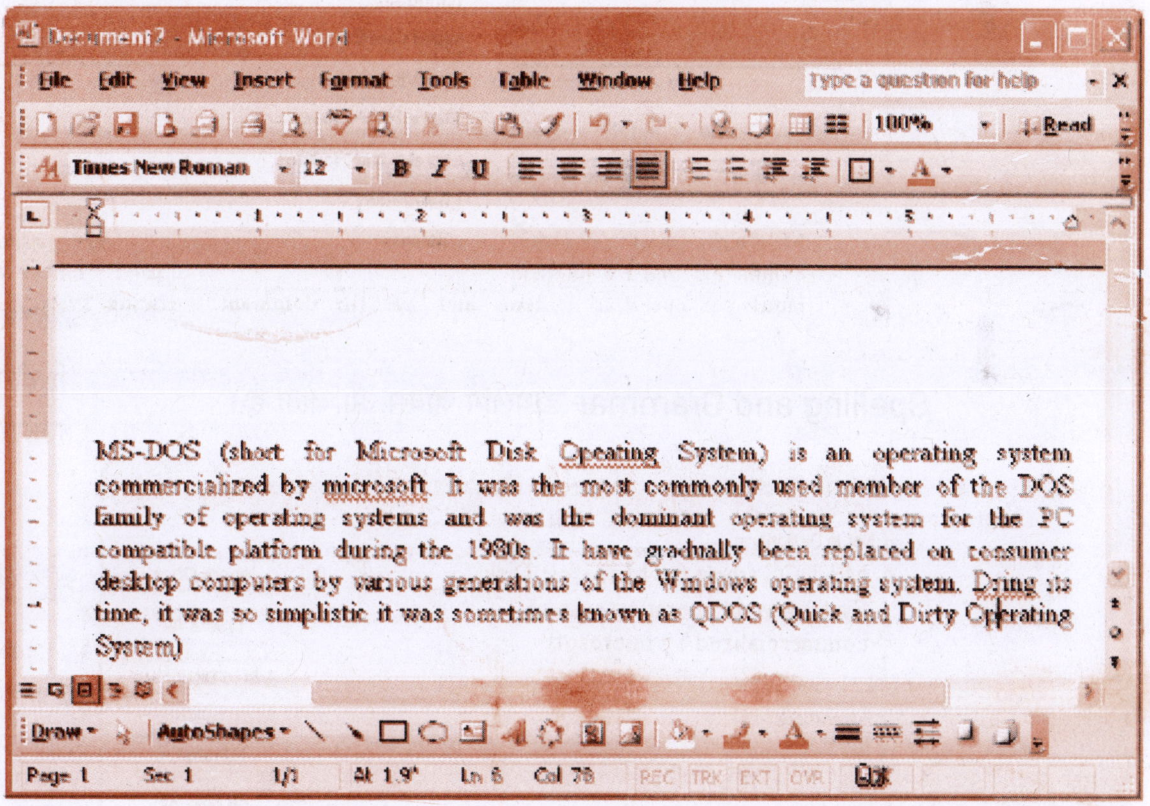

कुछ शब्दों के नीचे हरी और लाल रेखाओं पर ध्यान दें—लाल रेखा का अर्थ है स्पेलिंग में गलती, हरी रेखा का अर्थ है ग्रामर में गलती।

2. एम.एस. वर्ड के स्पेल चेक फीचर को शुरू करने के लिए नीचे दिए गए किसी भी तरीके को अपनाएँ।

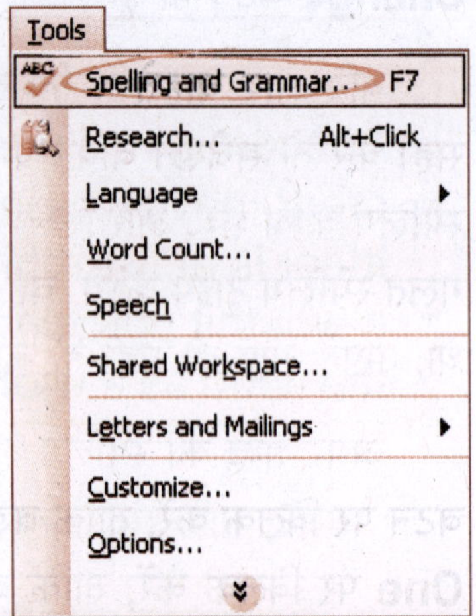

1. **Tool > Spelling और Grammar** पर जाएँ।
2. **F7**—फंक्शन-की को दबाएँ
3. स्टैंडर्ड टूलबार पर दिए गए Spelling और Grammar बटन पर क्लिक करें।
4. वर्ड (जिसकी स्पेलिंग चेक करनी है) पर राइट क्लिक करें और Context मेन्यू में Spelling and Grammar चुनें।

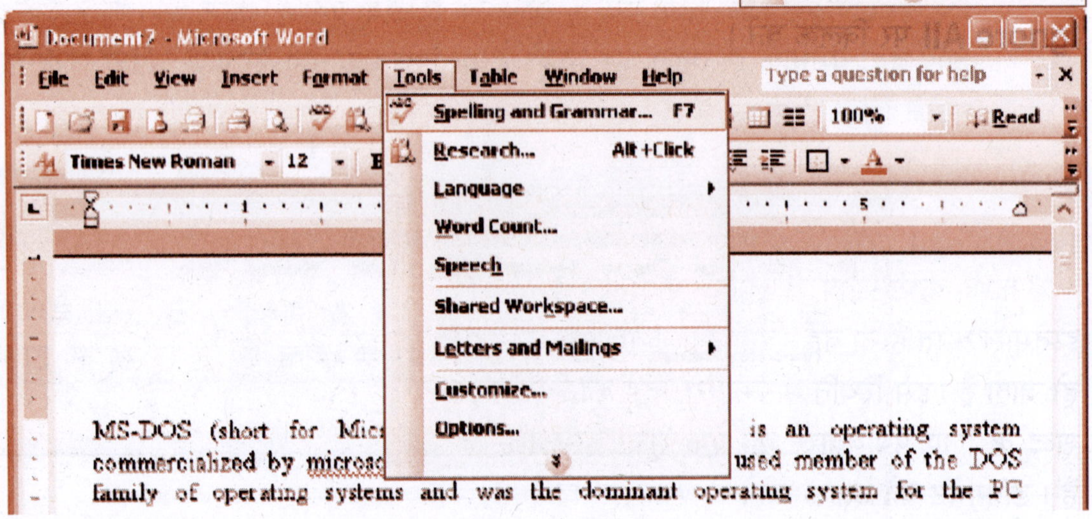

Spelling and Grammar डायलॉग बॉक्स आ जाता है।

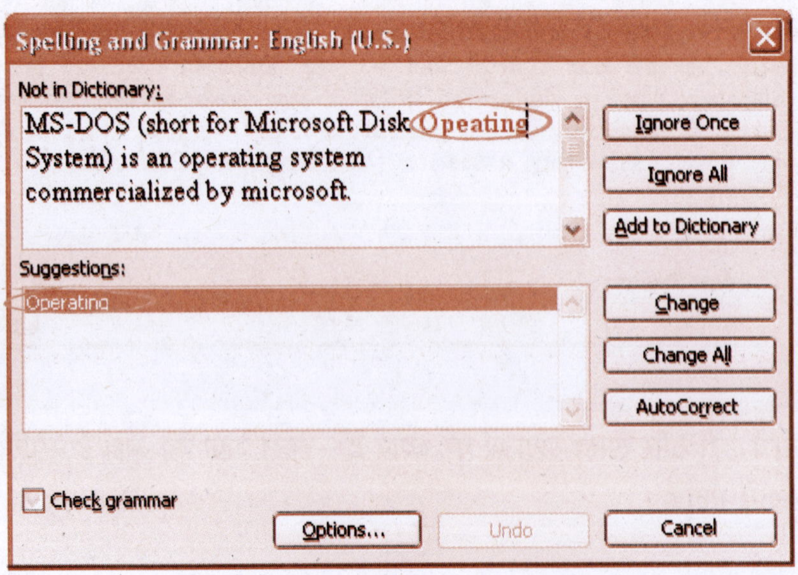

पूरे डॉक्यूमेंट की स्पेलिंग और ग्रामर एक-एक करके चेक होती है। स्पेलिंग में गलती ऊपरवाले बॉक्स में लाल रंग से डिसप्ले होगी और सही स्पेलिंग सजेशन बॉक्स में डिसप्ले होगी। सजेशन बॉक्स सही स्पेलिंग सिलेक्ट करके **Change** बटन या पूरे डॉक्यूमेंट की स्पेलिंग बदलने के लिए **Change All** पर क्लिक करें।

यदि आप चाहते हैं कि वर्ड हर बार, जब आप टाइप करते हैं, किसी निश्चित शब्द की स्पेलिंग अपने आप सही करे तो सजेशन बॉक्स से सही स्पेलिंग चुनकर Auto Correct बटन पर क्लिक करें। सिलेक्ट हुआ गलत स्पेलिंग वाला शब्द और सिलेक्ट हुआ ऑप्शन ऑटो करेक्ट में जोड़ लिया जाएगा। उसके बाद से जब कभी भी आप गलत स्पेलिंग टाइप करेंगे, वह दिए गए सही ऑप्शन द्वारा Auto Correct बटन को क्लिक करके सिलेक्ट किया था, अपने आप ही सही हो जाएगी।

अगर शब्द की स्पेलिंग सही है और आप उसे फिर से इस्तेमाल करना चाहते हैं तो **Add to Dictionary** बटन पर क्लिक करें, ताकि वर्ड डिक्शनरी में वह शब्द जुड़ जाए। शब्द को अपने हाल पर छोड़ने के लिए **Ignore One** पर क्लिक करें, ताकि वह डॉक्यूमेंट में मौजूदा जगह से इग्नोर हो जाए या पूरे डॉक्यूमेंट से हटाने के लिए **Ignore All** पर क्लिक करें।

थीसॉरस

कभी-कभी आप डॉक्यूमेंट में एक शब्द कई बार इस्तेमाल करते हैं तो वह पढ़नेवालों के लिए काफी उबाऊ हो जाता है। इस स्थिति में एम.एस. वर्ड का थिसॉरस उस शब्द के लिए पर्यायवाची की एक सूची उसलब्ध कराता है। डॉक्यूमेंट को उबाऊ होने से बचाने के लिए शब्द को किसी भी पर्यायवाची से बदला जा सकता है।

शब्द पर राइट क्लिक करके और **synonyms** कॉण्टेक्स्ट मेन्यू से सिलेक्ट करके उसके लिए पर्यायवाची देख सकते हैं।

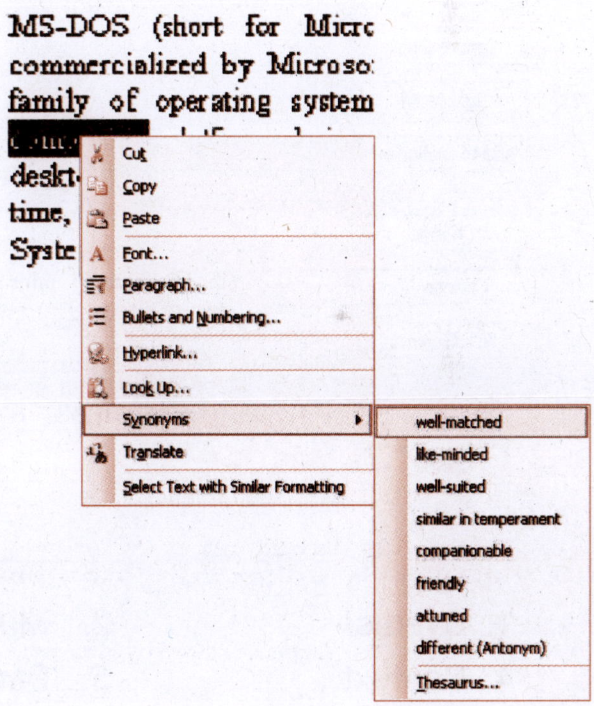

याद करें

1. किसी शब्द के नीचे लाल रेखा का अर्थ है स्पेलिंग में गलती और हरी रेखा का अर्थ है व्याकरण की गलती।
2. एक अच्छे पर्यायवाची को शब्दों से बदलने में एम.एस. वर्ड का थिसॉरस फीचर मदद करता है।
3. स्पेलिंग तथा ग्रामर ऑप्शंस दिए गए तरीकों से खोले जा सकते हैं।

   अ. **Tool menu > Spelling and Grammar** पर जाएँ।

   ब. **F7** Function की को दबाएँ।

   स. स्टैंडर्ड टूलबार पर बने स्पेलिंग और ग्रामर बटन  पर क्लिक करें।

अभ्यास

(अ) प्रैक्टिकल

Spelling and Grammar डायलॉग बॉक्स के नीचे दिए गए ऑप्शंस को समझाएँ।

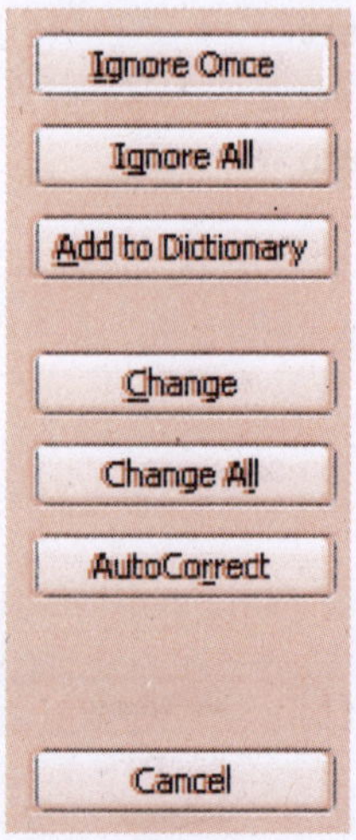

(ब) एम.एस. वर्ड के थीसॉरस फीचर का इस्तेमाल करके दिए गए शब्दों के लिए पर्यायवाची ढूँढ़ें।

1. Overuse
2. Mistake
3. Option
4. Context
5. Particular
6. Throughout
7. Suggestion
8. Research
9. Spell
10. Grammar

(स) सही के लिए (स) और गलत के लिए (ग) लिखिए—

1. अगर वर्ड की डिक्शनरी में कोई शब्द नहीं मिलता है तो वह हरी लहरदार रेखा से अंडरलाइन हो जाता है। ☐

2. डॉक्यूमेंट में स्पेलिंग चेक करते समय वर्ड पावरपॉइंट और एक्सेल से डिक्शनरी लेता है। ☐
3. आप F7 की को दबाकर स्पेलिंग और ग्रामर फीचर शुरू कर सकते हैं। ☐
4. अगर वर्ड आपके नाम को लाल लहरदार रेखा से अंडरलाइन करता है तो जब कभी भी आप नए डॉक्यूमेंट में काम करते हैं तो क्या आपको उसे वर्ड की डिक्शनरी में जोड़ देना चाहिए। ☐
5. चुने हुए किसी शब्द के लिए थीसॉरस विपरीतार्थक का भी सुझाव देता है। ☐
6. जब आप सही और गलत दोनों स्पेलिंग जानने की कोशिश कर रहे हैं, तभी Auto Correct आपकी स्पेलिंग सही कर सकता है। ☐

बहुविकल्पीय प्रश्न

निम्न चार विकल्पों में से सही विकल्प पर (✔) निशान लगाएँ।

1. डॉक्यूमेंट में लाल रेखा का अर्थ है—

अ. स्पेलिंग की गलती   ब व्याकरण की गलती

स. पर्यायवाची   द. इनमें से कोई नहीं

2. डॉक्यूमेंट में वाक्य के नीचे हरी रेखा का अर्थ है—

अ. स्पेलिंग की गलती   ब व्याकरण की गलती

स. पर्यायवाची   द. इनमें से कोई नहीं

3. अगर आपको किसी शब्द के लिए अच्छा पर्यायवाची चाहिए तो प्रयोग करें—

अ. थीसॉरस   ब. वर्ड काउंट

स. स्पेलिंग और ग्रामर   द. इनमें से कोई नहीं

4. स्पेलिंग और ग्रामर ऑप्शन खोले जा सकते हैं—

अ. Tools मेन्यू

ब. F7 फंक्शन की दबाकर

स. **Standard** टूलबार पर **Spelling and Grammar** बटन पर क्लिक करके

द. उपर्युक्त सभी

4 माइक्रोसॉफ्ट एक्सेल 2003 का परिचय

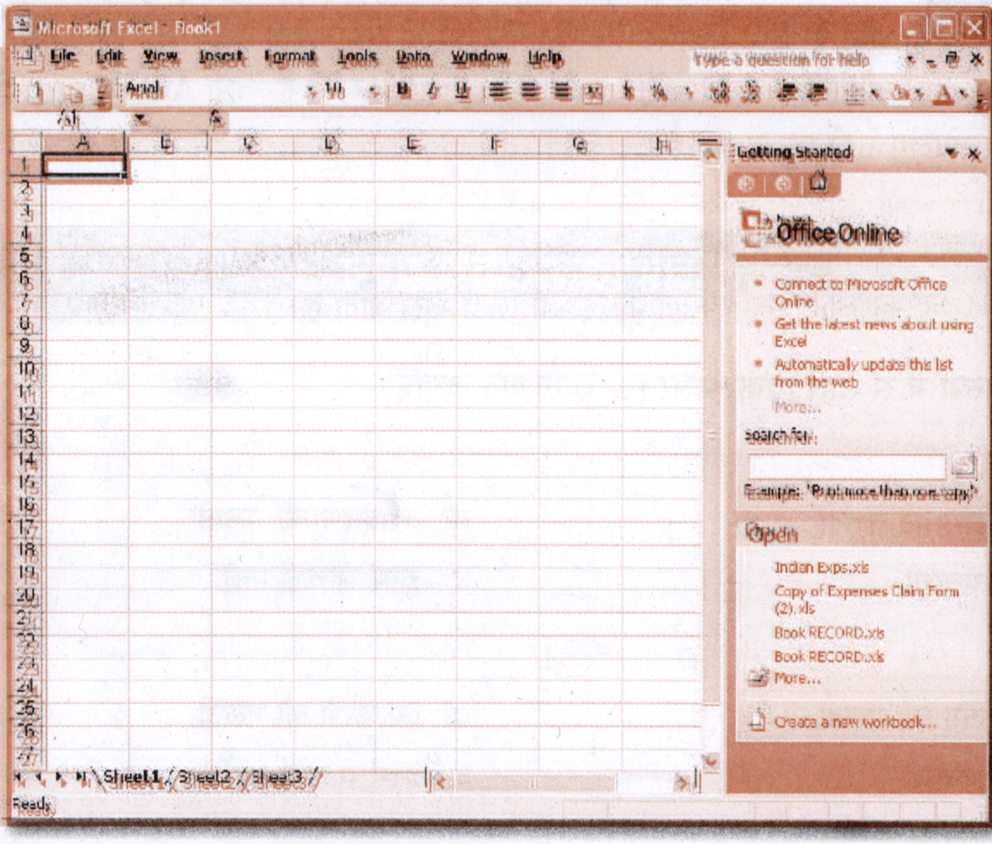

वर्ड पर सारे अध्याय पढ़ने के बाद अब आप वर्ड के साथ अच्छे दिखनेवाले डॉक्यूमेंट बनाने के लिए काम कर सकते हैं। आइए, अब हम एम.एस. ऑफिस सुइट के एक अन्य प्रोग्राम के बारे में पढ़ें, जिसका नाम है माइक्रोसॉफ्ट (एम.एस.) एक्सेल।

माइक्रोसॉफ्ट एक्सेल क्या है ?

माइक्रोसॉफ्ट एक्सेल स्प्रेडशीट प्रोग्राम है, जो कि एम.एस. ऑफिस सुइट में उपलब्ध है। यह नंबर और डेटा को रिकॉर्ड और एनालाइज करने के लिए डिजाइन किया गया है। आज के समय में एक्सेल कैलकुलेटर, पेंसिल और पेन की जगह ले चुका है।

यह प्रोग्राम आपके लिए नंबर्स फॉर्मूला और टेक्स्ट को प्रोसेस करना आसान कर देता है। एक्सेल के पास कुछ आधुनिकतम टूल्स होते हैं, जिनकी मदद से आप अपने काम को व्यावसायिक रूप से चमकदार फॉरमेट में प्रस्तुत कर सकते हैं।

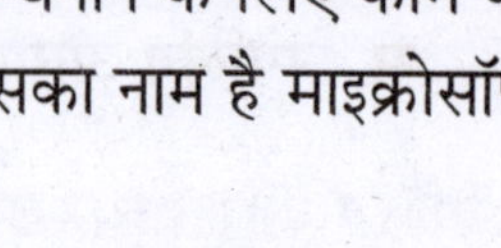

आप माइक्रोसॉफ्ट एक्सेल का इस्तेमाल इन कार्यों के लिए कर सकते हैं—

1. क्लास लिस्ट, टाइम टेबल, रिजल्ट शीट्स आदि को बनाने के लिए;
2. आकर्षक चार्ट्स बनाने के लिए और
3. डेटा को रिकॉर्ड और इकट्ठा करने के लिए।

एक्सेल की शुरुआत

आप एक्सेल को कई विधियों से आरंभ कर सकते हैं। सबसे आसान विधि है विंडोज टास्क बार में **Start** बटन पर क्लिक करना और फिर **All Programs>Microsoft office>Microsoft Excel office 2003** पर क्लिक करना। आपकी स्क्रीन पर एक्सेल की पहली विंडो खुल जाती है।

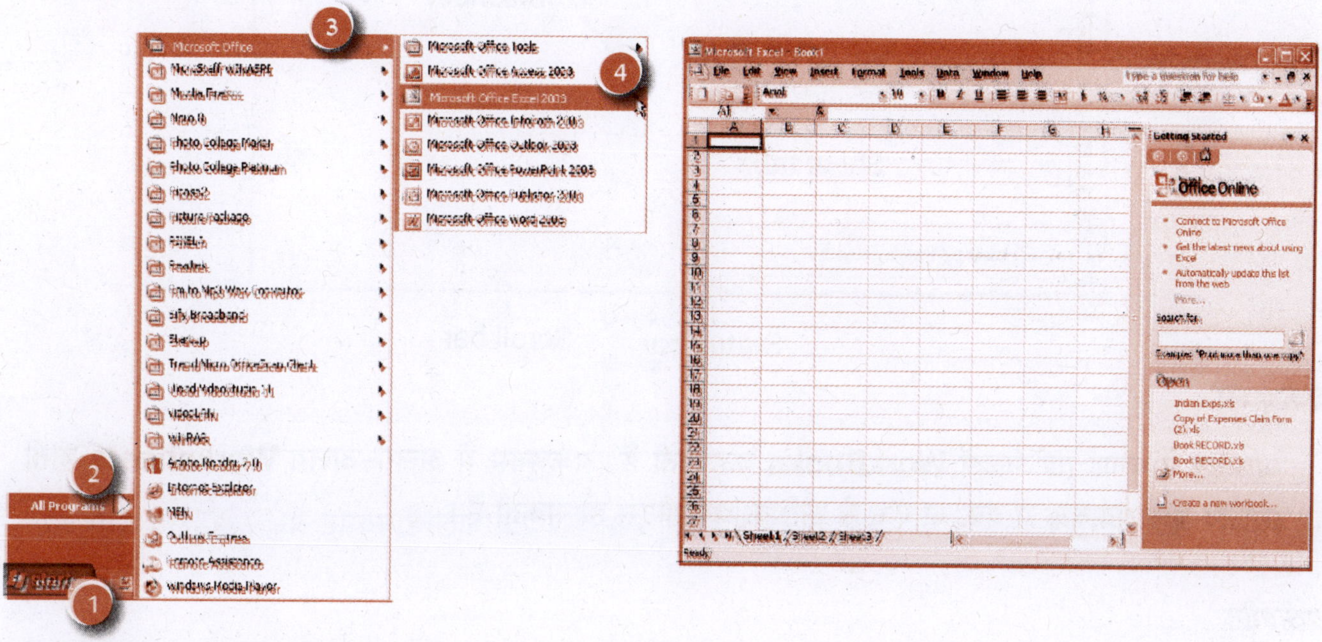

एक्सेल खोलने की अन्य विधियाँ

एक्सेल खोलने के लिए Start मेन्यू प्रयोग करने के अतिरिक्त आप प्रोग्राम को निम्न विधियों से भी खोल सकते हैं।

- **माइक्रोसॉफ्ट ऑफिस** शॉर्टकट बार (यदि आपके सिस्टम में इंस्टॉल है तो) **Excel** बटन पर क्लिक करें।
- **My Computer** या **Windows Explorer** खोलें। अपनी जिस एक्सेल फाइल को खोलना है, उसे ढूँढ़कर उस पर डबल क्लिक करके एक्सेल के साथ उस फाइल को खोलें।

माइक्रोसॉफ्ट एक्सेल की ओपनिंग स्क्रीन

एक्सेल ओपनिंग स्क्रीन के भाग निम्न प्रकार दिखाई देंगे—

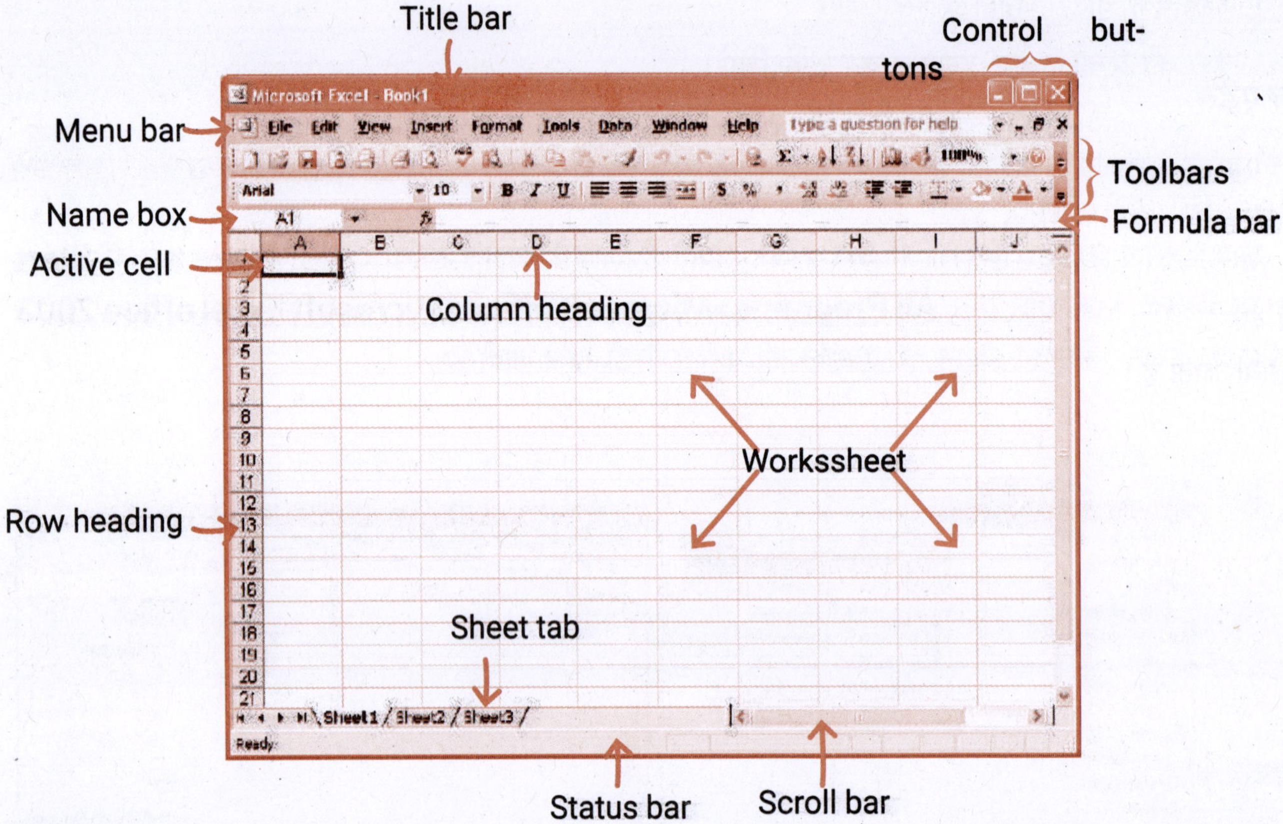

वर्कबुक्स

एक्सेल में बनाई गई फाइलें **WorkBooks** कहलाती हैं। वर्कबुक्स में अलग-अलग **Worksheets** होती हैं। इसलिए एक वर्कबुक में एक या एक से अधिक वर्कशीट्स हो सकती हैं।

वर्कशीट

माइक्रोसॉफ्ट एक्सेल में हम जिस प्राथमिक डॉक्यूमेंट में काम करते हैं उसे **Worksheet** कहते हैं। इसे **spreadsheet** भी कहते हैं। ऐसी वर्कशीट में बहुत सारे सेल्स (खाने) होते हैं, जो रो और कॉलम में व्यवस्थित होते हैं। यह सदैव वर्कबुक में स्टोर होती है। एक वर्कशीट दूसरी वर्कशीट के साथ संबंधित हो सकती है अथवा स्वतंत्र रूप से काम कर सकती है। प्रत्येक वर्कशीट में आप टेक्स्ट, संख्याएँ रखकर कैलकुलेशन कर सकते हैं, डेटा व्यवस्थित कर सकते हैं एवं अन्य कार्य कर सकते हैं।

रो और कॉलम वर्कशीट को इकट्ठा करते हैं

एक्सेल वर्कशीट क्षैतिज रेखाओं और खड़े खानों से बनी ग्रिड की तरह होती है। एक्सेल में **कॉलमों** को वर्णमाला के अक्षरों से लेडबल किया जाता है और **रो** को नंबर से। प्रत्येक एक्सेल वर्कशीट में **256 कॉलम** और **65,536 रो** होती हैं।

सेल

रो और कॉलम का इंटरसेक्शन **Cell** कहलाता है। आसान शब्दों में एक्सेल वर्कशीट में प्रत्येक बॉक्स **Cell** कहलाता है।

सेल एड्रेस

एक्सेल वर्कशीट में प्रत्येक सेल एक सेल एड्रेस से संबोधित की जाती है, जिसे सेल एड्रेस या सेल नेम कहते हैं। सेल नेम को कॉलम के अक्षर और रो की संख्या से संबोधित किया जाता है। उदाहरण के लिए, आप सेल A1 या सेल B16 में हो सकते हैं। एक्सेल में आप अपना पूरा डेटा इंडिविजुअल सेल में रखते हैं। यह एक्सेल में माप की प्राथमिक यूनिट होती है। प्रत्येक वर्कशीट इंडिविजुअल सेल से बनी होती है। सेल का एड्रेस मेन बॉक्स में दिखाया जाता है।

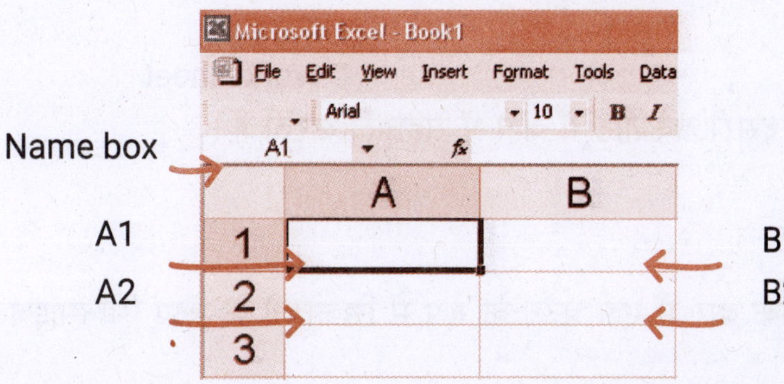

टाइटल बार

एक्सेल स्क्रीन में टाइटल पर प्रोग्राम और उस फाइल का नाम दिखाया जाता है, जिसमें आप काम कर रहे हैं।

मेन्यू बार

यह सभी मेन्यू को दिखाता है, जिसमें आपके कार्य से संबंधित उपलब्ध कमांड की सूची दिखाने के लिए सब मेन्यू होते हैं।

आंसर ए क्वेश्चन बॉक्स

आप इस बॉक्स का प्रयोग हेल्प लेकर यह जानने के लिए करते हैं कि एक्सेल में कोई काम कैसे किया जाए। इसके अतिरिक्त एक्सेल के अन्य फीचर्स के बारे में भी जान सकते हैं।

टूलबार्स

यह प्रोग्राम फीचर खोलने में सहायता करता है। अपने माउस पॉइंटर को एक टूलबार बटन पर रखकर आप यह जान सकते हैं कि वह क्या काम करता है। बटन पर टूल टिप आ जाती है और यह बताया जाता है कि वह बटन क्या काम करता है।

नेम बॉक्स

वर्तमान चुनी गई सेल या रेंज का एड्रेस दिखाता है। आप किसी विशिष्ट सेल पर जाने के लिए इसका प्रयोग कर सकते हैं।

फॉर्मूला बार

यह एक्सेल फॉर्मूला देने या सेल कंटेंट को एडिट करने के लिए प्रयोग किया जाता है।

स्क्रॉल बार

होरिजोंटल और वर्टिकल दोनों स्क्रॉल बार वर्कशीट के विभिन्न भाग देखने में सहायता करती हैं।

शीट टैब्स

यह वर्कबुक में एक से दूसरी वर्कशीट में जाने में सहायता करती है।

मिनिमाइज बटन

एक्सेल को विंडोज टास्क बार में एक बटन के रूप में सिकोड़ने के लिए मिनिमाइज बटन पर क्लिक करते हैं।

मैक्सिमाइज/रीस्टोर

एक्सेल विंडो को बड़ा करके पूरी स्क्रीन पर फैलाकर वास्तविक रूप में लाने के लिए मैक्सिमाइज/रीस्टोर बटन पर क्लिक करते हैं।

क्लोज बटन

कंप्यूटर पर खोले गए एक्सेल डॉक्यूमेंट को यह बंद करता है।

स्टेटस बार

स्क्रीन के नीचे यह बताया जा सकता है कि इसमें क्या चल रहा है। उदाहरण के लिए, यदि आप फाइल सेव कर रहे हैं तो स्टेटस बार यह संकेत करती है कि फाइल सेव हो रही है। स्टेटस बार यह भी जानकारी देती है कि की-बोर्ड के ये फीचर ऑन हैं—**नम लॉक (NUM)**, **कैप्स लॉक (CAPS)** या **स्क्रॉल लॉक (SCRL)**।

वर्कबुक/वर्कशीट में घूमना

आगे दी गई सारणी यह दिखाती है कि वर्कशीट में घूमने के लिए की स्ट्रोक कैसे काम करते हैं।

की स्ट्रोक्स, जो आपको वर्कशीट में घुमाते हैं	
ये कीज दबाएँ	यहाँ जाने के लिए
Enter	एक सेल नीचे या क्रम से अगली सेल पर जाने के लिए
Shift+Tab	एक सेल बाएँ
Shift+Enter	एक सेल ऊपर
Up, Down, Right, Left Arrows	एक सेल ऐरो की दिशा में
Ctrl+Right Arrow or Ctrl+Left Arrow	डेटावाली रो में बाएँ या दाएँ सिरे के लिए
Ctrl+Up Arrow or Ctrl+Down Arrow	डेटावाले कॉलम में टॉप या बॉटम के लिए
Home	रो में पहली सेल के लिए
Ctrl+Home	वर्कशीट में पहली सेल के लिए
Ctrl+End	वर्कशीट में अंतिम सेल के लिए प्रयोग होनेवाले सबसे दाएँ कॉलम की सबसे नीचेवाली रो के लिए
Page Up	एक स्क्रीन ऊपर
Page Down	एक स्क्रीन नीचे
Alt+Page Up	एक स्क्रीन बाएँ
Alt+Page Down	एक स्क्रीन दाएँ
Ctrl+Page Up	पिछली शीट के लिए
Ctrl+Page Down	अगली शीट के लिए
F5 or Ctrl+G	'गो टू' डायलॉग बॉक्स खुलता है

याद करें

1. माइक्रोसॉफ्ट एक्सेल एक स्प्रेडशीट प्रोग्राम है।
2. एक्सेल में बनाई गई फाइलें वर्कबुक कहलाती हैं।
3. माइक्रोसॉफ्ट एक्सेल में बनाई गई फाइलों का एक्सटेंशन .xls होता है।
4. एक्सेल में डेटा के साथ काम को सेव करने के लिए जो प्राइमरी डॉक्यूमेंट प्रयोग करते हैं, वह वर्कशीट कहलाता है।
5. एक्सेल में कॉलम वर्णमाला के अक्षरों से और रो संख्याओं से लेबल की जाती हैं।
6. रो और कॉलम का इंटरसेक्शन सेल कहलाता है।

अभ्यास

(अ) शब्दों की सहायता से रिक्त स्थान भरें—

स्टेटस बार, वर्टिकल, टाइटल बार, टूल बार्स, मेन्यू ऑप्शंस, नेम बॉक्स, वर्कशीट टैब, फॉर्मूला बार, होरीजोंटल, मिनिमाइज, मेन्यू बार

1. एक्सेल विंडो में सबसे शीर्षवाली बार को………… कहते हैं।
2. …………एक्सेल में आपके कार्य से संबंधित उपलब्ध कमांड की सूची को दिखाता है।
3. एक्सेल में प्रोग्राम फीचर को एक्सेस करने की सहायता के लिए कई सारी…………और…………होती हैं।
4. …………वर्तमान चुनी गई सेल या रेंज का एड्रेस दिखाती है।
5. …………का प्रयोग एक्सेल फॉर्मूला और फंक्शन देने के लिए या सेल कंटेंट एडिट करने के लिए प्रयोग होती है।
6. …………और…………दोनों स्क्रॉल बार वर्कशीट के विभिन्न भागों को देखने में सहायता करती हैं।
7. वर्कबुक में दूसरी वर्कशीट में जाने के लिए…………पर क्लिक करते हैं।
8. एक्सेल को विंडोज टास्क बार में एक बटन के रूप में सिकोड़ने के लिए…………पर क्लिक करते हैं।
9. स्क्रीन में सबसे नीचे की बार, जो यह दिखाती है कि प्रोग्राम में क्या चल रहा है, कहलाती है…………।

(ब) निम्न का मिलान करें—

1. Home	क. वर्कशीट की पहली सेल के लिए
2. Ctrl+Home	ख. रो की पहली सेल के लिए
3. Ctrl+End	ग. एक स्क्रीन नीचे
4. Page Up	घ. एक स्क्रीन बाएँ
5. Page Down	च. पिछली शीट के लिए
6. Alt+Page Up	छ. अगली शीट के लिए
7. Alt+Page Down	ज. वर्कशीट में निचली-दाईं सेल के लिए
8. Ctrl+Page Up	झ. एक स्क्रीन ऊपर
9. Ctrl+Page Down	ञ. एक स्क्रीन दाएँ

(स) प्रत्येक सेल में सेल एड्रेस लिखिए। आपके लिए एक करके दिखाई गई है।

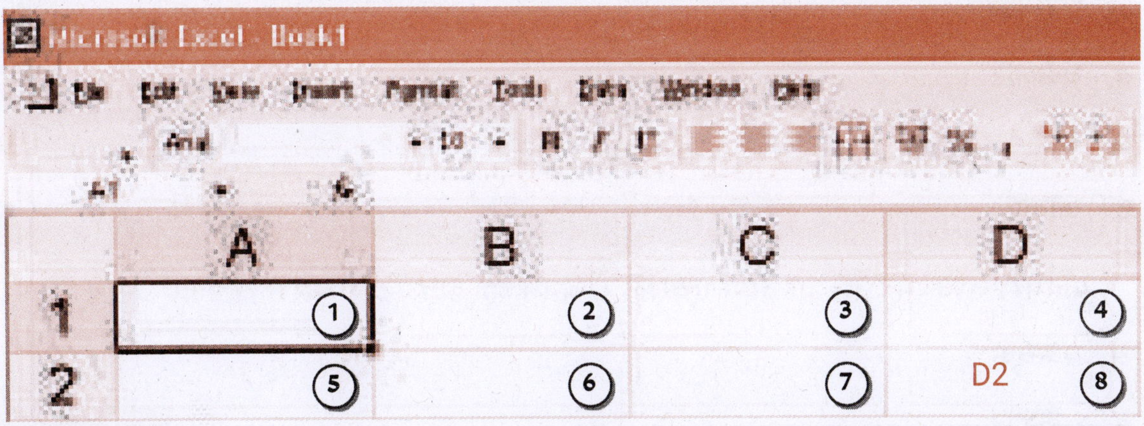

शिक्षकों से

एक्सेल में फॉर्मूला की अवधारणा छात्रों को साधारण फॉर्मूला कैलकुलेशन से दिखाकर समझाएँ।

बहुविकल्पीय प्रश्न

निम्न चार विकल्पों में से सही विकल्प पर (✔) निशान लगाएँ।

1. निम्न कार्य करने के लिए आप एक्सेल का प्रयोग कर सकते हैं।

   अ. आप कक्षा सूची, समय-सारणी, रिजल्ट आदि बना सकते हैं।

   ब. आकर्षक चार्ट बना सकते हैं।

   स. डेटा को संग्रह और रिकॉर्ड करने के लिए एक्सेल का प्रयोग आप डेटाबेस प्रोग्राम की तरह कर सकते हैं।

   द. उपर्युक्त सभी।

2. आप एक्सेल निम्न प्रकार आरंभ कर सकते हैं—

   अ. Start>All Programs>Microsoft Office>Microsoft Office Excel 2003.

   ब. **माइक्रोसॉफ्ट ऑफिस** शॉर्टकट बार में (यदि आपके सिस्टम में इंस्टॉल है तो) एक्सेल बटन पर क्लिक करके।

   स. My Computer या Windows Explorer खोलकर जिस एक्सेल फाइल को खोलना है, उसे चुनकर डबल क्लिक करते हैं।

   द. उपर्युक्त सभी।

3. एक्सेल में आप जो फाइल बनाते हैं वह कहलाती है—

अ. वर्कबुक्स

ब. वर्कशीट

स. रो

द. कॉलम

4. ·······प्राइमरी डॉक्यूमेंट है, जो आप एक्सेल में काम या डेटा स्टोर करने के लिए करते हैं।

अ. वर्कबुक

ब. वर्कशीट

स. रो

द. कॉलम

5. एक्सेल में कॉलम्स इससे लेबल होते हैं—

अ. नंबर्स

ब. लेटर्स

स. सिंबल्स

द. इनमें से कोई नहीं

6. एक्सेल में रो इससे लेबल होते हैं—

अ. नंबर्स

ब. लेटर्स

स. सिंबल्स

द. इनमें से कोई नहीं

7. एक्सेल वर्कशीट इनसे बनती है—

अ. 256 रो और 65,536 कॉलम्स

ब. 256 कॉलम्स और 65,536 रो

स. 26 रो और 65 कॉलम्स

द. इनमें से कोई नहीं

8. रो और कॉलम का इंटरसेक्शन कहलाता है—

अ. वर्कशीट

ब. सेल

स. वर्कबुक

द. इनमें से कोई नहीं

9. सेल का नाम, जो कॉलम के अक्षर और रो संख्या से बनता है वह कहलाता है—

अ. डेटा

ब. इन्फॉरमेशन

स. सेल एड्रेस

द. इनमें से कोई नहीं

10. एक्सेल स्क्रीन में सबसे ऊपरवाली बार प्रोग्राम का नाम और वह फाइल, जिसमें आप काम कर रहे हैं, दिखाती है उसे कहते हैं—

अ. मेन्यू बार

ब. टाइटल बार

स. स्टेटस बार

द. स्क्रॉल बार

11. ·······वर्तमान चुनी गई सेल का एड्रेस या रेंज दिखाती है—

अ. सेल

ब. नेम बॉक्स

स. वर्कशीट

द. वर्कबुक

12. इस एरिया का प्रयोग एक्सेल फॉर्मूला और फंक्शन देने के ालए या सेल कंटेंट एडिट करने के लिए करते हैं—

अ. टूलबार

ब. स्क्रॉल बार

स. फॉर्मूला बार

द. मेन्यू बार

5 एक्सेल में डेटा एंटर करना

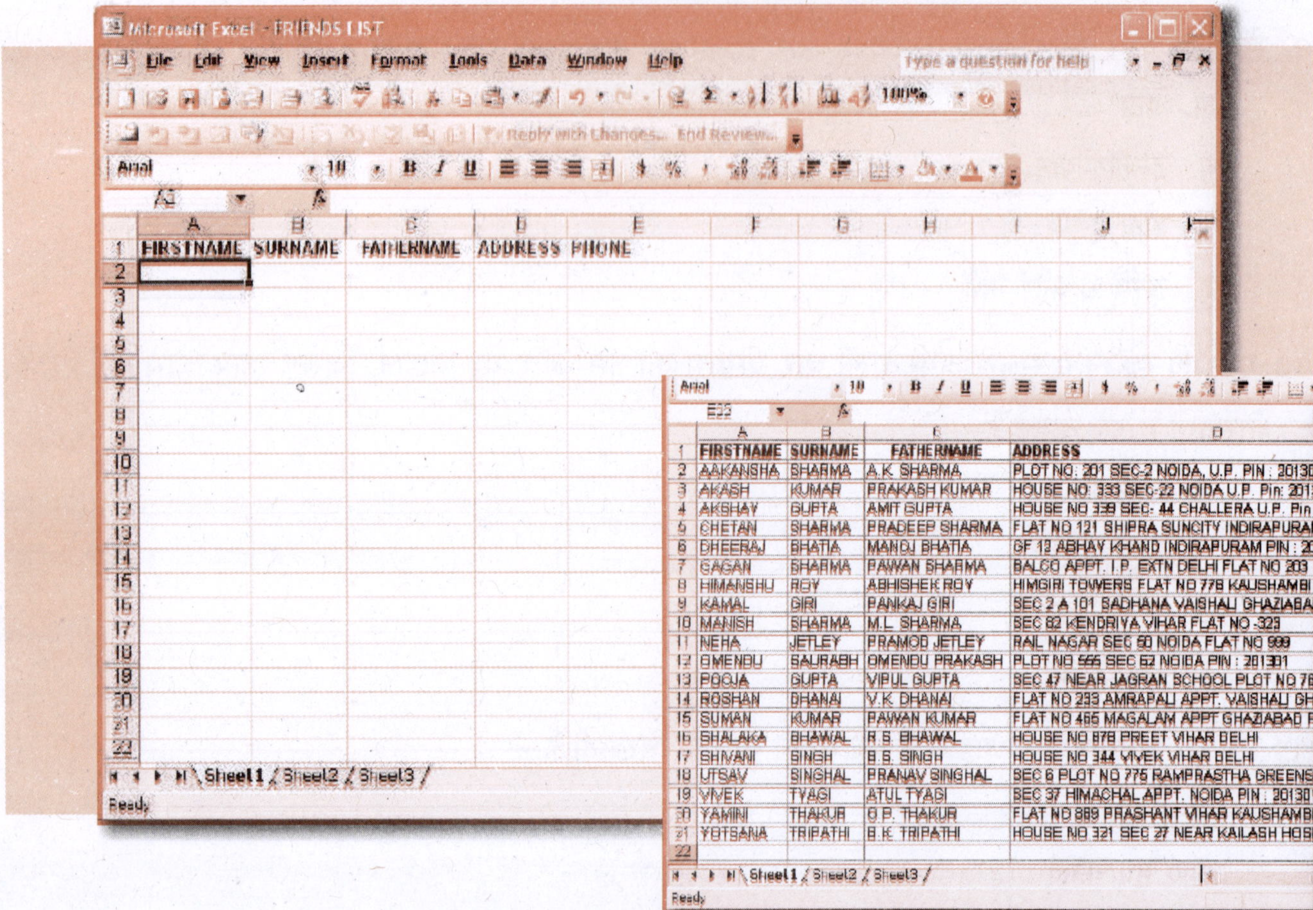

अब आप माइक्रोसॉफ्ट एक्सेल और उसकी ओपनिंग स्क्रीन से परिचित हैं। हम यह भी समझते हैं कि एक्सेल इतना शक्तिशाली है कि वह साधारण और जटिल गणनाएँ बहुत जल्दी कर सकता है। लेकिन किसी कैलकुलेशन को करने के लिए एक्सेल को बेसिक इनपुट या रॉ-डेटा जानने की आवश्यकता होती है। इस अध्याय में हम एक्सेल की बेसिक चीजों से आरंभ करेंगे, जिनसे स्प्रेडशीट में डेटा एंटर करेंगे। डेटा फीड करने के बाद हम एक्सेल को विभिन्न कैलकुलेशन और डेटा मैनीपुलेशन या बदलावों के लिए प्रयोग कर सकते हैं। हम इसे बाद में सीखेंगे; परंतु पहले यह समझेंगे कि एक्सेल वर्कशीट में डेटा कैसे एंटर करते हैं।

आइए, अब मित्रों की सूची बनाने के लिए एक्सेल वर्कशीट में कार्य आरंभ करें।

1. एक्सेल खोलिए और दिखाए गए प्रत्येक कॉलम पर हेडिंग टेक्स्ट लिखिए।

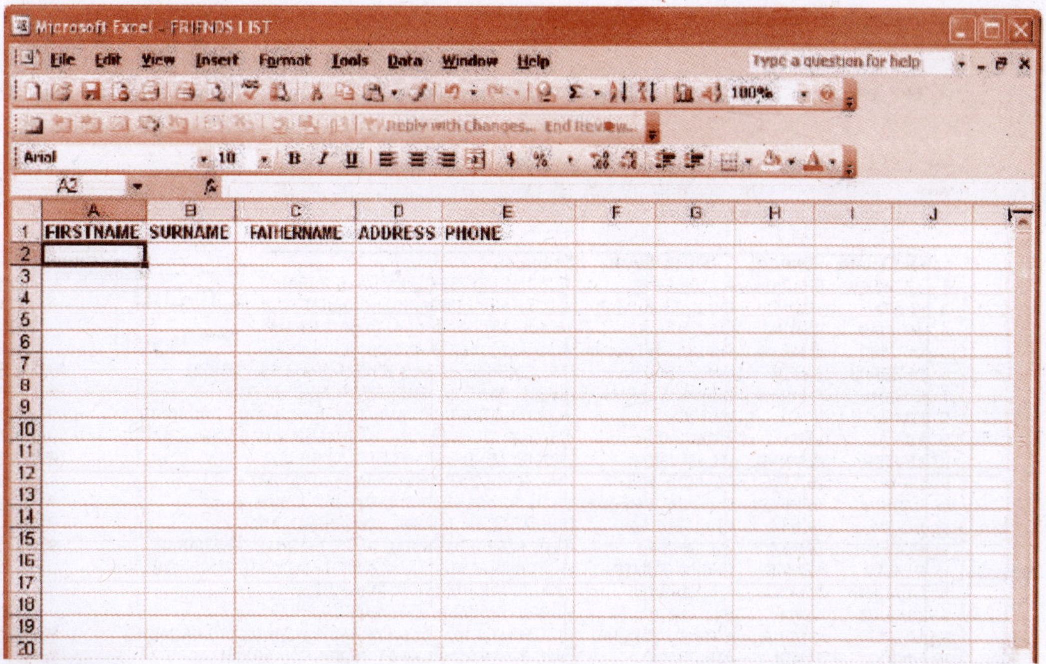

टिप

वर्तमान सेल के दाएँ और एक सेल आगे जाने के लिए **Tab** की दबाते हैं। वर्तमान सेल के ठीक नीचेवाली सेल में जाने के लिए **Enter** की दबाते हैं।

2. पॉइंटर को कॉलम डिवाइडर पर लाइए, पॉइंटर दो सिरोंवाले तीर में बदल जाएगी। माउस का दायाँ बटन दबाए हुए कॉलम डिवाडर को ड्रैग (क्लिक और ड्रैग) कीजिए, जिससे कॉलम की चौड़ाई या विड्थ बढ़ जाएगी।

3. जैसा नीचे दिखाया गया है—मित्रों का नाम, पिता का नाम, एड्रेस और फोन नंबर टाइप कीजिए।

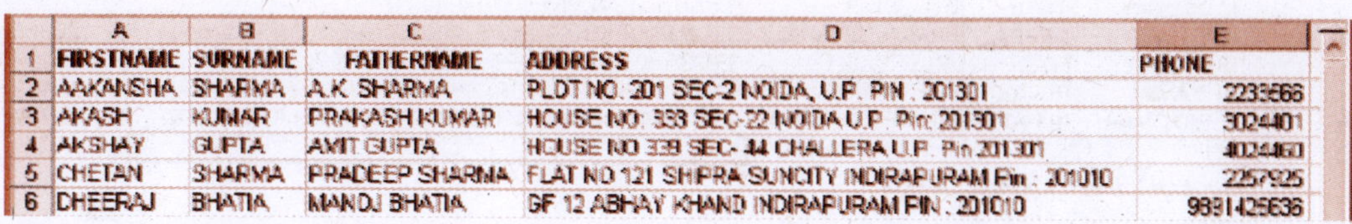

	A	B	C	D	E
1	FIRSTNAME	SURNAME	FATHERNAME	ADDRESS	PHONE
2	AAKANSHA	SHARMA	A.K. SHARMA	PLDT NO. 201 SEC-2 NOIDA, U.P. PIN : 201301	2233666
3	AKASH	KUMAR	PRAKASH KUMAR	HOUSE NO: 333 SEC-22 NOIDA U.P. Pin: 201301	3024401
4	AKSHAY	GUPTA	AMIT GUPTA	HOUSE NO 339 SEC- 44 CHALLERA U.P. Pin 201301	4024460
5	CHETAN	SHARMA	PRADEEP SHARMA	FLAT NO 121 SHIPRA SUNCITY INDIRAPURAM Pin : 201010	2257925
6	DHEERAJ	BHATIA	MANOJ BHATIA	GF 12 ABHAY KHAND INDIRAPURAM PIN : 201010	9891425636

4. टेक्स्ट सिलेक्ट करके बॉर्डर एप्लाई कीजिए। यह बॉर्डर स्टाइल एक्सेल में वैसे ही काम करती है जैसे वर्ड टेबल में काम करती है। आप बॉर्डर स्टाइल का प्रयोग चुनी गई सेल के चारों तरफ ग्रिड बनाने के लिए भी कर सकते हैं।

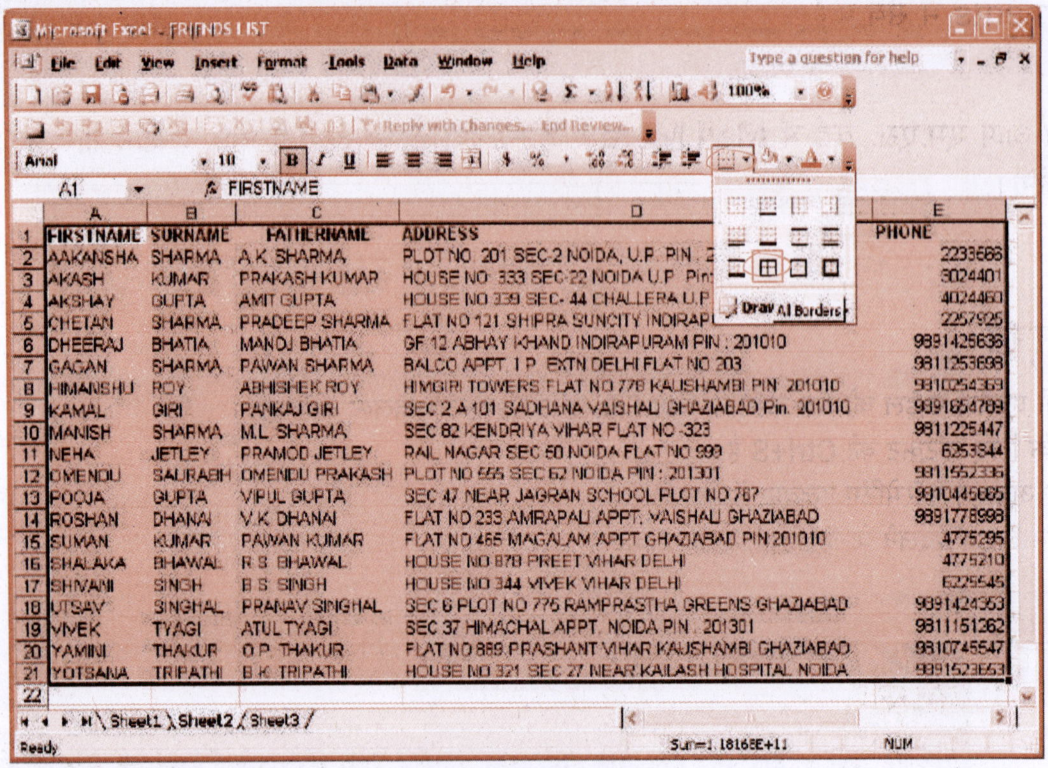

5. बॉर्डर स्टाइल एप्लाई करने के बाद लिस्ट ऐसी दिखाई देगी—

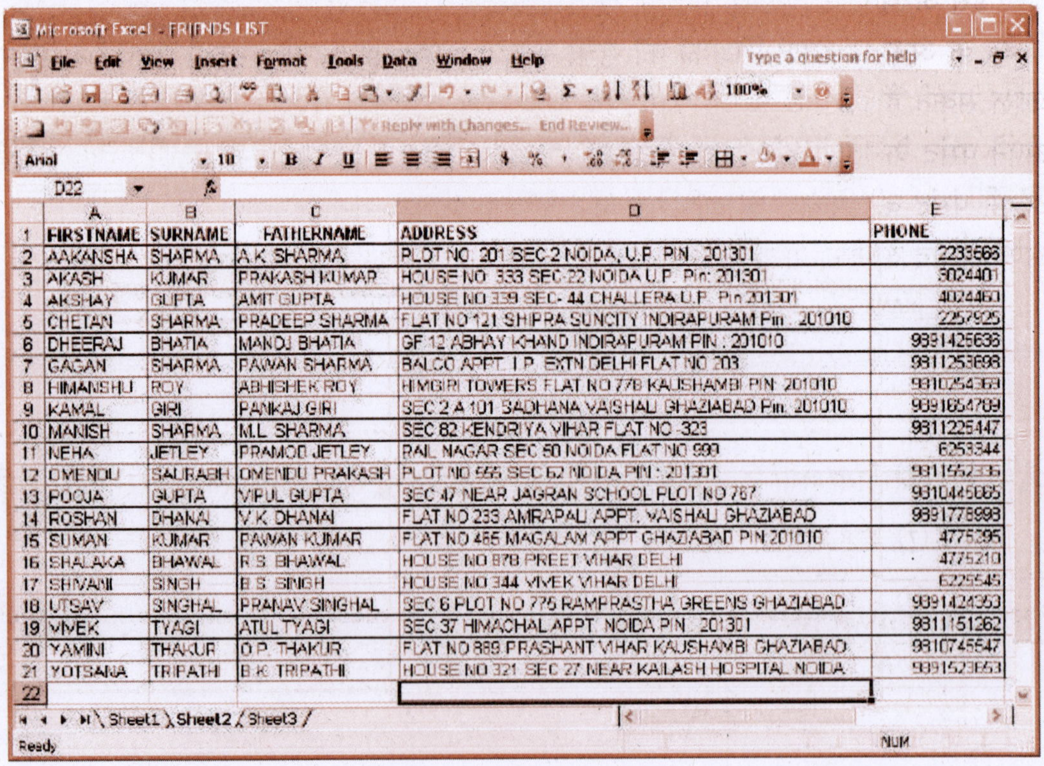

6. अब आपके मित्रों की सूची तैयार है। **File > Save** पर क्लिक करके उपयुक्त नाम जैसे Frindslist.xls देकर **Save As** डायलॉग बॉक्स से इसे सेव करें। हम सलाह देंगे कि आप यह फाइल My Documents में सेव करें।

जब आप एम.एस. वर्ड में **Mail Merge** और **envelopes and labels** सीखेंगे तो इस फाइल का पुनः प्रयोग करेंगे।

याद रखें

1. अपनी एक्सेल फाइल को सेव करने के लिए File और Save पर क्लिक कीजिए।
2. सेव के लिए शॉर्टकट की Ctrl+S है।
3. बॉर्डर आइकन फॉरमेटिंग टूलबार में होता है।
4. कॉलम विड्थ बदलने के लिए कॉलम डिवाइडर को क्लिक और ड्रैग करते हैं।

अभ्यास

(अ) प्रैक्टिकल

1. जैसा इस अध्याय में दिखाया गया है, वैसे ही अपने रिश्तेदारों की सूची तैयार करें।
2. विषय के अनुसार अपने शिक्षकों की सूची बनाइए। क्या आप अपने पसंद के विषय के खाने को हरे रंग में बदल सकते हैं।
3. अपने पसंद के खेलों और खिलाड़ियों की सूची बनाइए।
4. अपनी पसंद की फिल्मों के अभिनेता और अभिनेत्रियों की सूची बनाइए।
5. अपनी पसंद के देश, राज्य और छुट्टियों में जाने के स्थान की सूची बनाइए।

(ब) निम्न को पहचानिए और लेबल लिखिए—

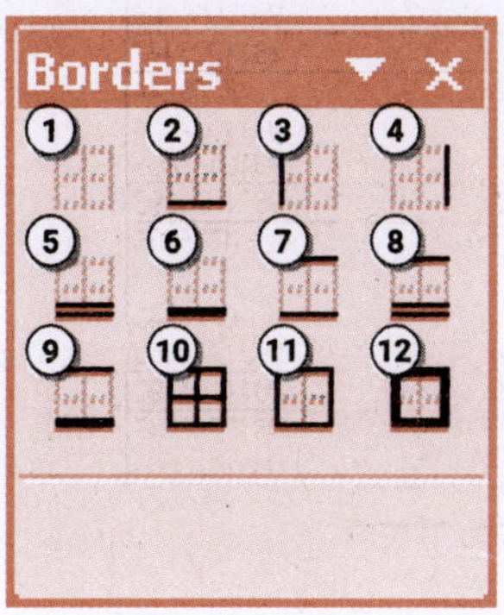

1. .... 2. ....

3. .... 4. ....

5. .... 6. ....

7. .... 8. ....

9. .... 10. ....

11. .... 12. ....

शिक्षकों से

छात्रों को वर्कशीट और वर्कबुक के बारे में समझाने के लिए उन्हें एक वर्कबुक में कई वर्कशीट बनाने की सलाह दें, जैसे एक एक्सेल प्रोजेक्ट।

उदाहरण—

वर्कशीट 1 : मित्रों की सूची।
वर्कशीट 2 : रिश्तेदारों की सूची।
वर्कशीट 3 : पारिवारिक मित्रों की सूची, इसी तरह और भी।

बहुविकल्पीय प्रश्न

निम्न चार विकल्पों में से सही विकल्प पर (✔) निशान लगाएँ।

1. ·········का प्रयोग दो कॉलम को अलग करने के लिए होता है।

अ. कॉलम सेप्रेटर
ब. कॉलम डिवाइडर
स. कॉलम मार्जिन
द. इनमें से कोई नहीं

2. बॉर्डर और शेडिंग विकल्प इनमें रहते हैं—

अ. स्टैंडर्ड टूलबार
ब. फॉरमेटिंग टूलबार
स. स्टेटस बार
द. मेन्यू बार

3. एक्सेल में बॉर्डर स्टाइल का प्रयोग सिलेक्ट किए गए सेल के चारों तरफ·········बनाने के लिए होता है।

अ. टेक्स्ट बॉक्स
ब. गोला
स. ग्रिड
द. इनमें से कोई नहीं

4. ·········एम.एस. वर्ड और एम.एस. एक्सेल में सेव करने की विधि।

अ. समान
ब. भिन्न
स. फाइल टाइप पर निर्भर
द. कह नहीं सकते

6 एक्सेल में कैलेंडर बनाना

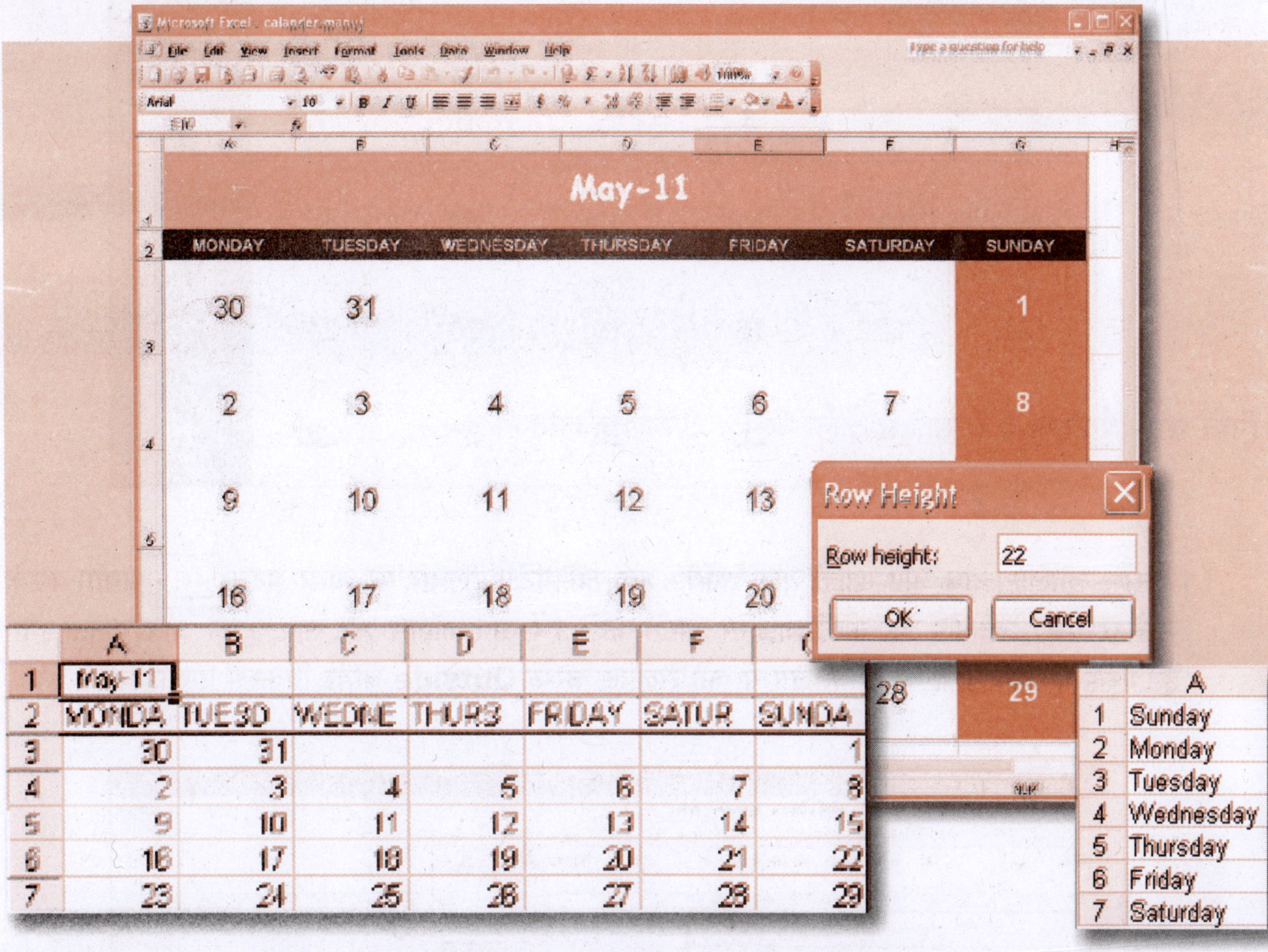

आप सीख चुके हैं कि एक्सेल वर्कशीट में डेटा कैसे एंटर किया जाता है। इस अध्याय में आप अपनी डेटा एंट्री की प्रतिभा प्रयोग करके और एक्सेल के कुछ नए फीचर्स सीखकर मासिक कैलेंडर बनाना सीखेंगे। आप इस कैलेंडर को छाप सकते हैं और साथ ही मंथली प्लानर की तरह प्रयोग भी कर सकते हैं।

इस अभ्यास के बाद आप यहाँ दिखाए गए कैलेंडर की तरह कैलेंडर बनाना सीखेंगे और एक्सेल के निम्नलिखित फीचर्स सीखेंगे—

* बॉर्डर प्रयोग करना
* सेल को मर्ज और सेंटर करना
* बैकग्राउंड कलर भरना
* फॉण्ट कलर बदलना
* फिल हैंडिल से ऑटोफिल
* रो की ऊँचाई एडजस्ट करना
* कॉलम की चौड़ाई एडजस्ट करना

May-11

MONDAY	TUESDAY	WEDNESDAY	THURSDAY	FRIDAY	SATURDAY	SUNDAY
30	31					1
2	3	4	5	6	7	8
9	10	11	12	13	14	15
16	17	18	19	20	21	22
23	24	25	26	27	28	29

1. एक्सेल खोलिए। अब आप खाली शीट देखेंगे। अब फॉरमेटिंग टूलबार पर बॉर्डर बटन प्रयोग करके कैलेंडर मंथ, डेज और डेट की डिजाइनिंग आरंभ करें। हमें सात कॉलम और सात रो की आवश्यकता होती है। ऐसा परिणाम प्राप्त करने के लिए रो को सिलेक्ट करके **Outside** बॉर्डर विकल्प एप्लाई करें।

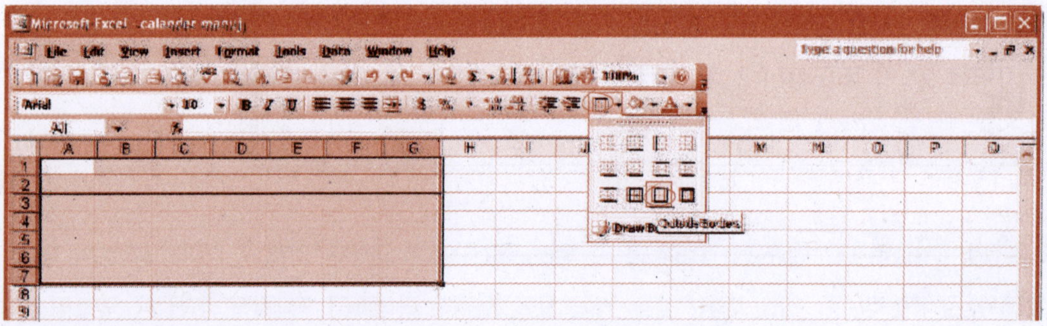

2. कैलेंडर डिजाइन में जैसा दिखाया गया है वैसे डेटा टाइप करें।

	A	B	C	D	E	F	G
1	May-11						
2	MONDA	TUESD	WEDNE	THURS	FRIDAY	SATUR	SUNDA
3	30	31					1
4	2	3	4	5	6	7	8
5	9	10	11	12	13	14	15
6	16	17	18	19	20	21	22
7	23	24	25	26	27	28	29

3. वैकल्पिक रूप से हम कुछ क्लिक द्वारा **Fill handle** का प्रयोग करके डेज और डेट ऑटोमैटिकली भर सकते हैं। यह वर्कशीट में डेटा भरने की बहुत ही तेज और अच्छी विधि है। आप दिन के क्रम, महीने के क्रम, डेट के क्रम, नंबर के क्रम आदि ऑटोफिल द्वारा भर सकते हैं। आइए, देखें, यह कैसे करते हैं—

दिन टाइप कीजिए और Fill handle को दाहिनी तरफ तब तक ड्रैग कीजिए जब तक Sunday न आ जाए।

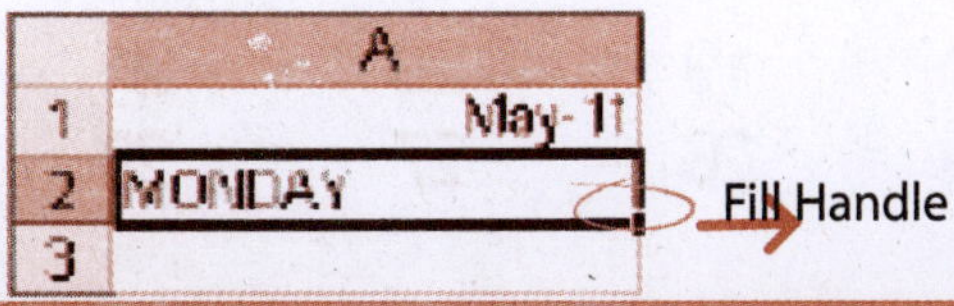

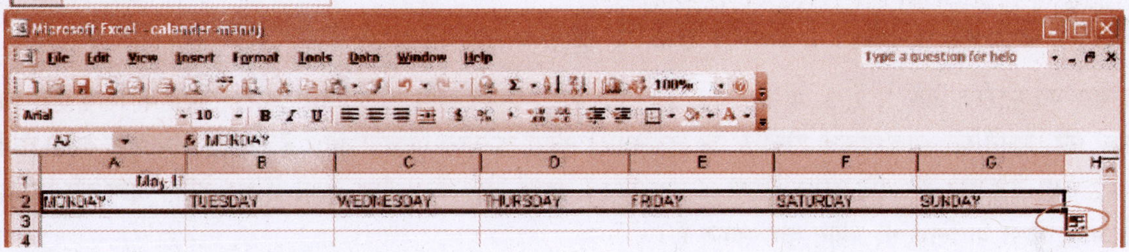

4. अब Monday के नीचे 30 और Sunday के नीचे 1 टाइप कीजिए, जैसा दिखाया गया है। अब (Cell A4) में 30 के नीचे 2 और (Cell B4) Tuesday के नीचे 3 टाइप कीजिए। दोनों सेल को सिलेक्ट कीजिए और फिल हैंडल को दाहिनी ओर 8 तक ले जाइए। अब बाकी बची रो को भरने के लिए पुनः ऑटोफिल प्रयोग कीजिए। 2 के नीचे 9 और 3 के नीचे 10 टाइप कीजिए और दोनों सेल्स सिलेक्ट करके (9 और 10 के साथ) फिल हैंडल को ड्रैग करते हुए दाहिनी ओर ले जाइए, जब तक 15 न आ जाए। अब 2 से 15 तक सभी सेलों को सिलेक्ट करके फिल हैंडल ड्रैग करते हुए अगली 2 रो तक ले जाइए, जब तक 7वीं रो की अंतिम सेल में 29 न आ जाए।

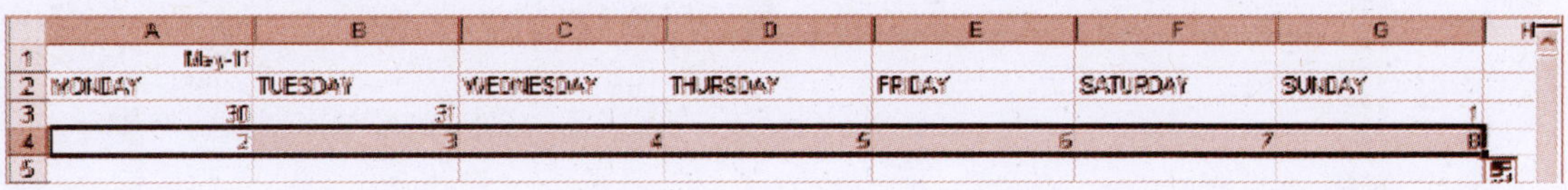

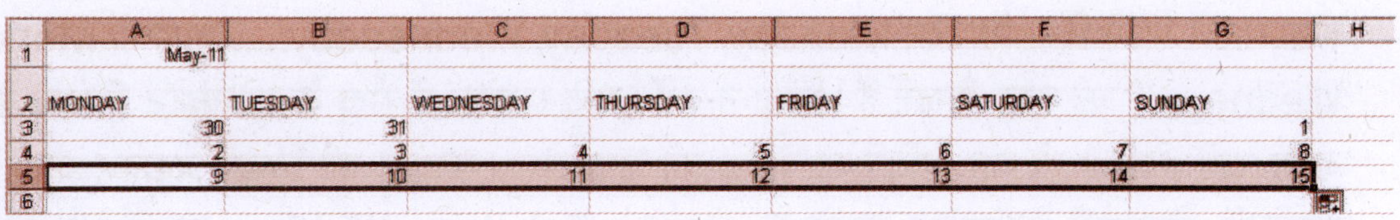

आपको निम्न प्रकार कुछ मिलेगा—

	A	B	C	D	E	F	G
1	May-11						
2	MONDA	TUESD	WEDNE	THURS	FRIDAY	SATUR	SUNDA
3	30	31					1
4	2	3	4	5	6	7	8
5	9	10	11	12	13	14	15
6	16	17	18	19	20	21	22
7	23	24	25	26	27	28	29

अतिरिक्त जानकारी : फिल हैंडल

यह डेटा की सीरीज जैसे 1, 2, 3, 4, 5... 10, 20, 30, 40... अपने आप या ऑटोमैटिकली भरने के लिए एक जादुई फीचर है। इसको यह जानने की आवश्यकता होती है कि जुड़नेवाले नंबरों के बीच कितना अंतर है। अत: क्रम शुरू करने के लिए कम-से-कम 2 नंबर देने होते हैं। यदि उसको अंतर न पता हो तो पहली सेल जैसा नंबर सभी में भर देगा। आप इसे तिथि, दिन, महीना, वर्ष आदि भरने के लिए भी प्रयोग कर सकते हैं।

5. माउस से क्लिक और ड्रैग करके जैसा इमेज में दिखाया गया है, मंथवाली रो को सिलेक्ट कीजिए और फॉरमेटिंग टूलबार में मर्ज और सेंटर बटन पर क्लिक कीजिए।

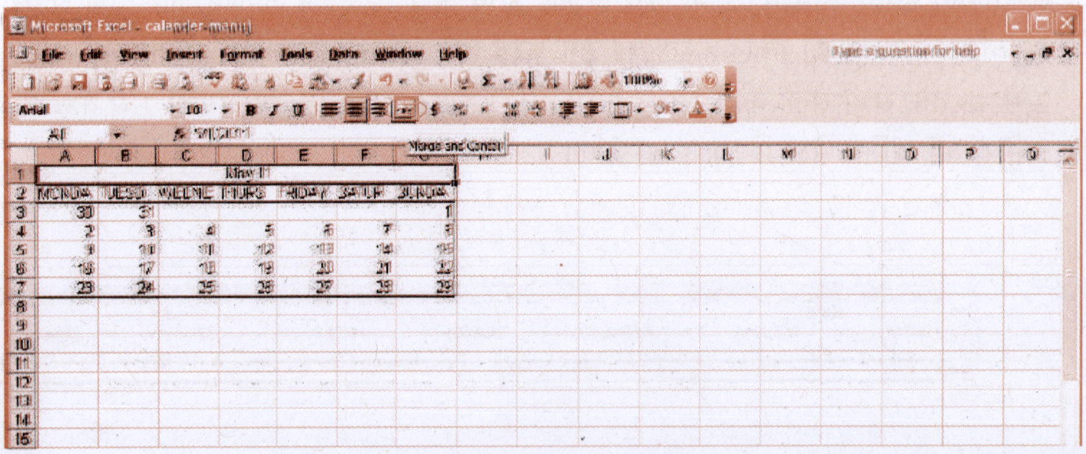

6. क्या आपने ध्यान दिया कि दिन Monday, Tuesday, Wednesday..... आपको Monda, Tuesd, Wedne.....? की तरह दिखते हैं। चिंता न करें। यदि एक्सेल में सेल के पूरे कंटेंट दिखाने के लिए पर्याप्त जगह नहीं होती है तो वह अतिरिक्त कंटेंट को छुपा लेगा। कॉलम की विड्थ बढ़ाकर आप इसे ठीक कर सकते हैं। डेजवाली रो सिलेक्ट करके **Format > Column > Width....** पर क्लिक कीजिए।

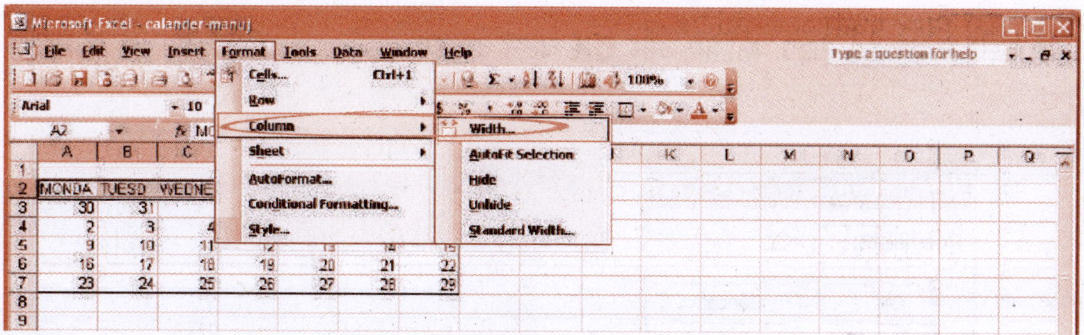

7. विड्थ साइज 18 टाइप कीजिए और **OK** बटन दबाइए।

8. कॉलम विड्थ 18 हो जाएगी, जैसा कि इमेज में दिखाया गया है।

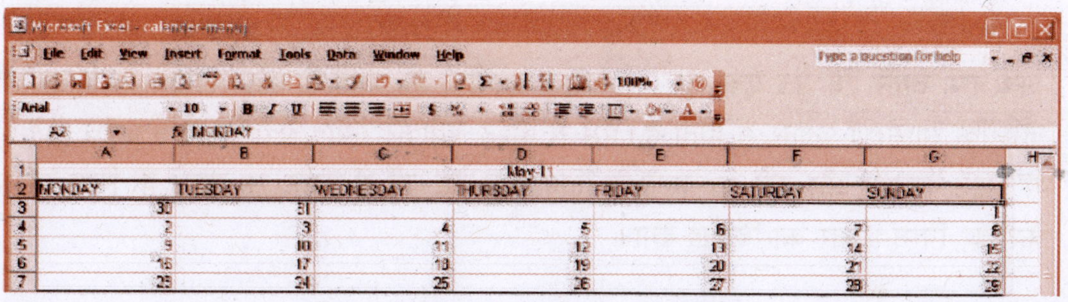

9. माउस से डेज सिलेक्ट कीजिए और **Format > Row > Height...** में रोज हाइट विकल्प क्लिक कीजिए।

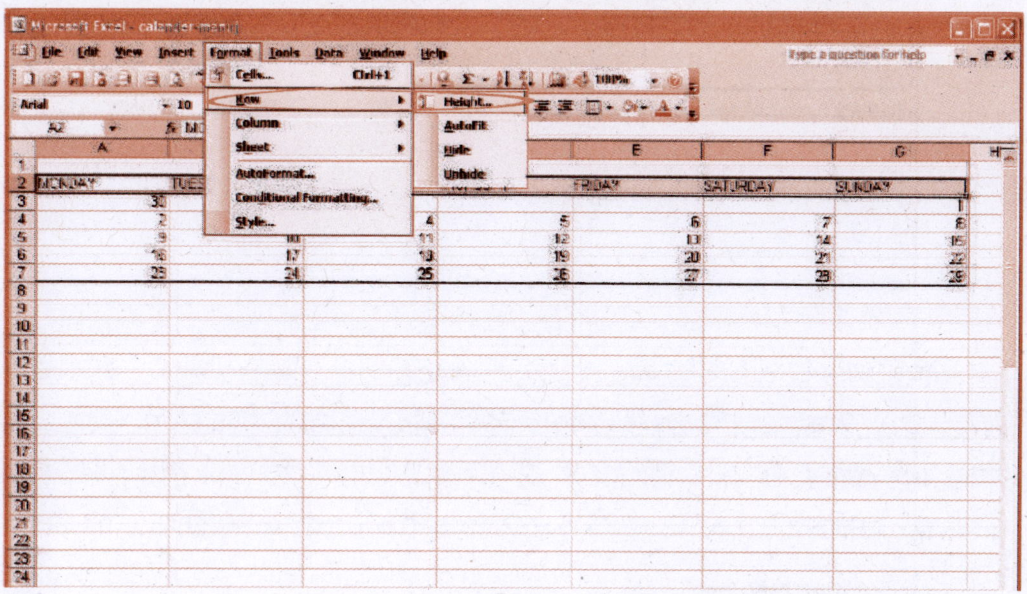

10. रो हाइट साइज 22 टाइप कीजिए और **OK** बटन दबाइए।

11. रो हाइट 22 हो जाएगी, जैसा दिखाया गया है।

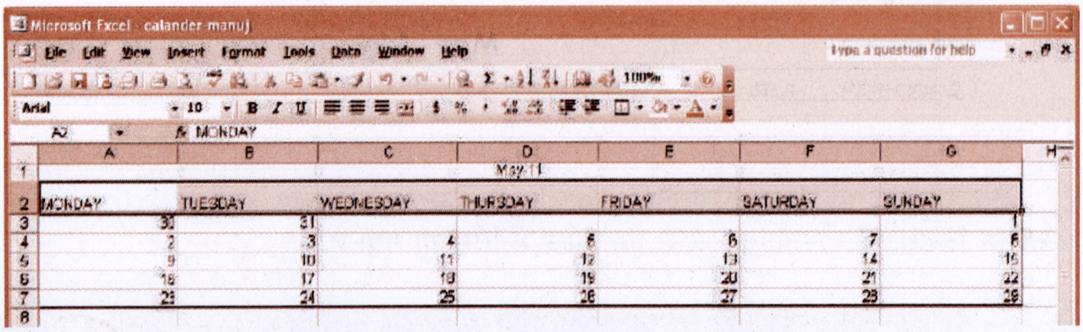

12. अब हम देखेंगे कि डेट एक-दूसरे से बहुत नजदीक हो जाती है और लिखने के लिए जगह नहीं बचती, जैसे कि साधारण प्लानर में होती है। हम रो हाइट बढ़ाकर स्थान बढ़ा सकते हैं। मंथ (May-11) के लिए रो हाइट बदलने और उसे 56 करने के लिए तथा डेट की रो हाइट 70 करने के लिए स्टेप्स दोहराएँ। अब कैलेंडर निम्न प्रकार का दिखाई देगा।

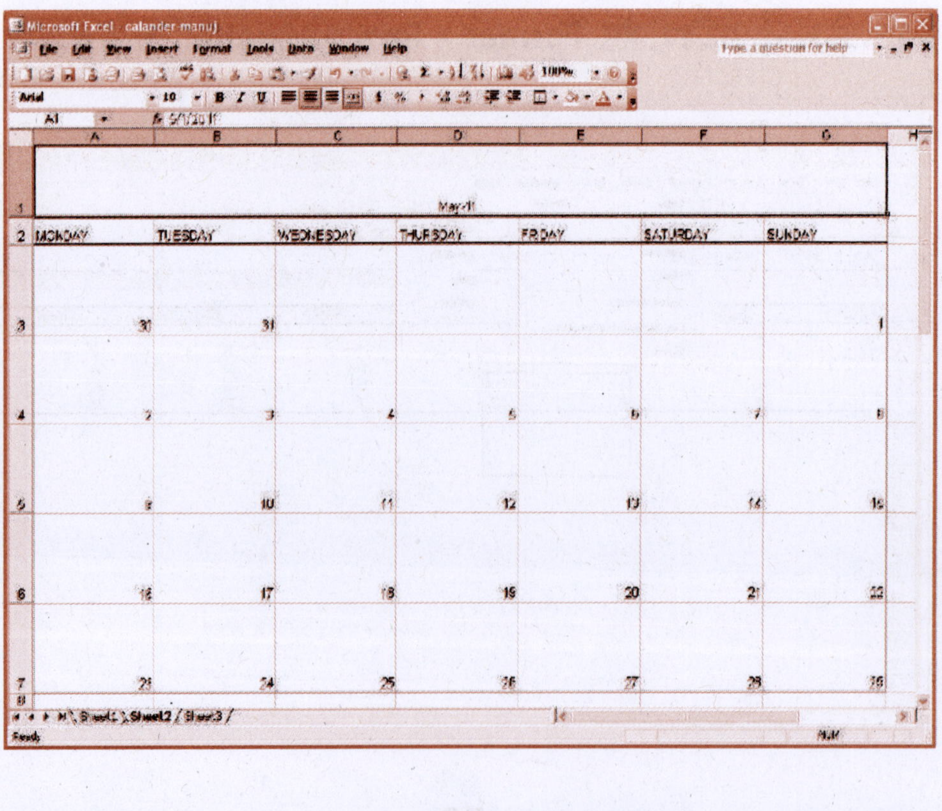

13. मंथ के लिए फॉरमेटिंग टूलबार प्रयोग करके फॉण्ट को **Comic Sans MS** और आकार 24 करें। **Bold style** और एलाइन **Center** एप्लाई करें।

14. अब कैलेंडर निम्न प्रकार दिखाई देगा।

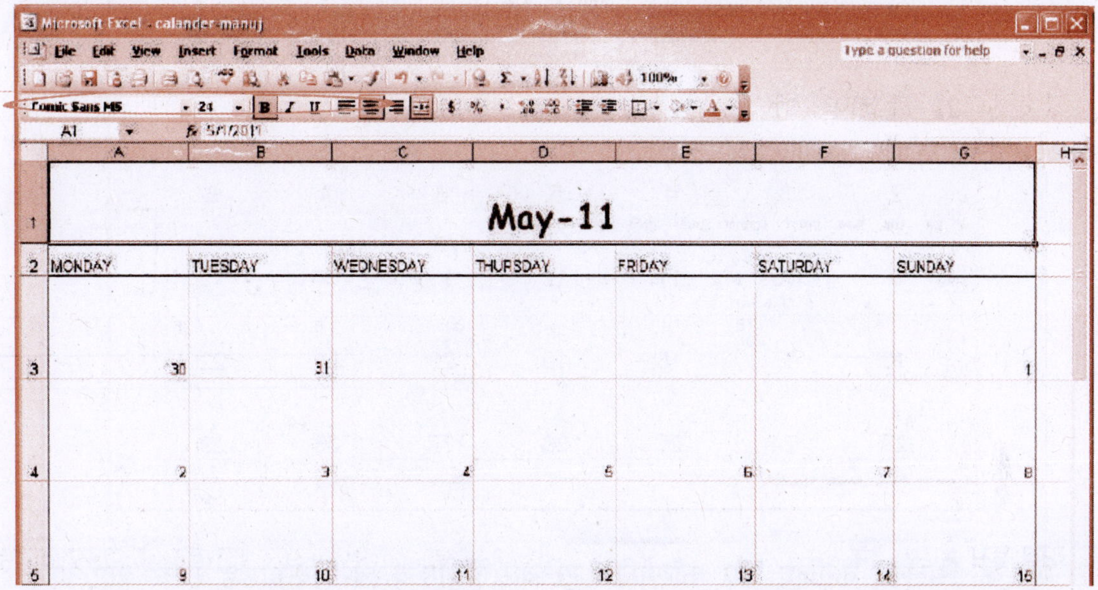

15. अब डेज को सिलेक्ट करके उनका फॉण्ट **Arial** और आकार 12 करें। **bold style** और **align Center** भी एप्लाई करें। कैलेंडर निम्न प्रकार का दिखाई देगा।

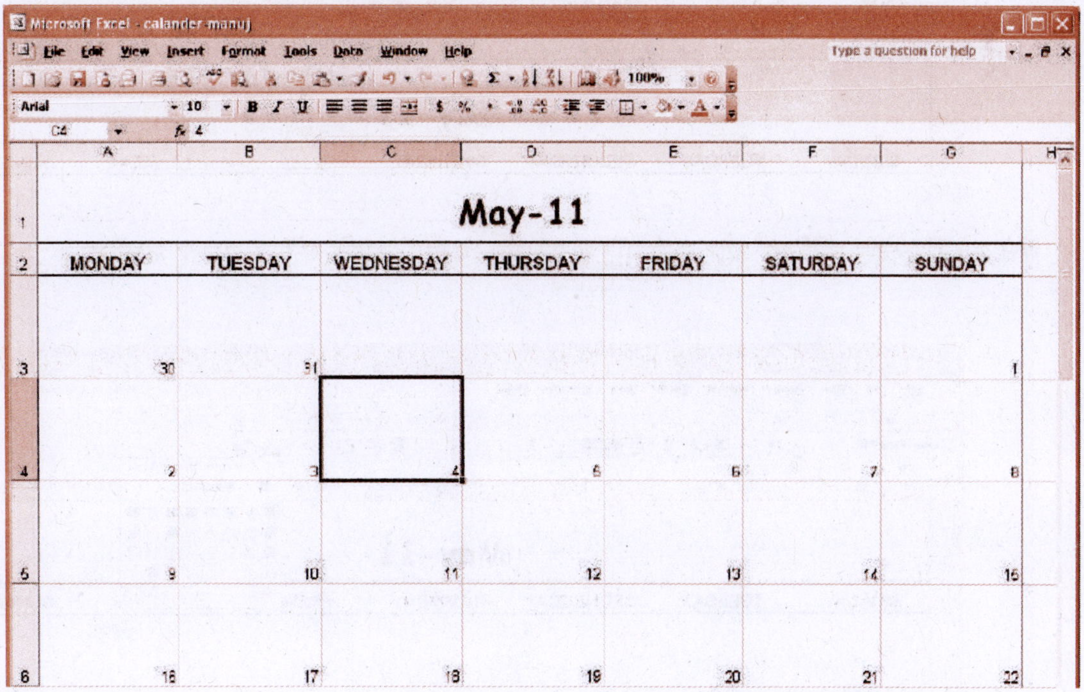

16. अब डेट सिलेक्ट कीजिए और उसका फॉण्ट **Arial** और आकार **20** कीजिए। **Center alignment** एप्लाई कीजिए। कैलेंडर निम्न प्रकार का दिखाई देगा।

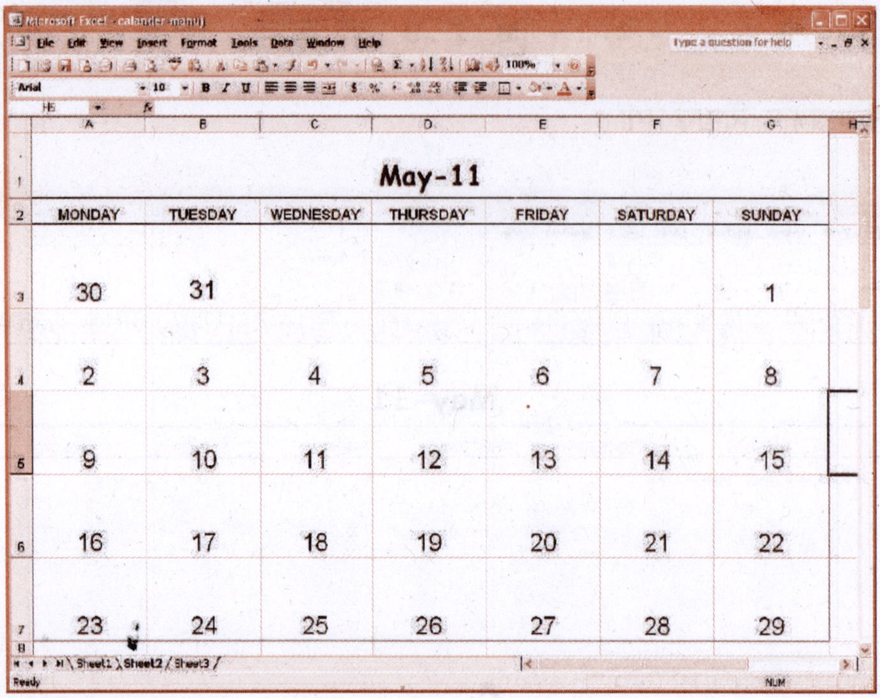

17. मंथ को सिलेक्ट कीजिए और फॉरमेटिंग टूलबार प्रयोग करके बैकग्राउंड कलर बदलिए।

18. मंथ को सिलेक्ट कीजिए और फॉरमेटिंग टूलबार प्रयोग करके फॉण्ट कलर बदलिए।

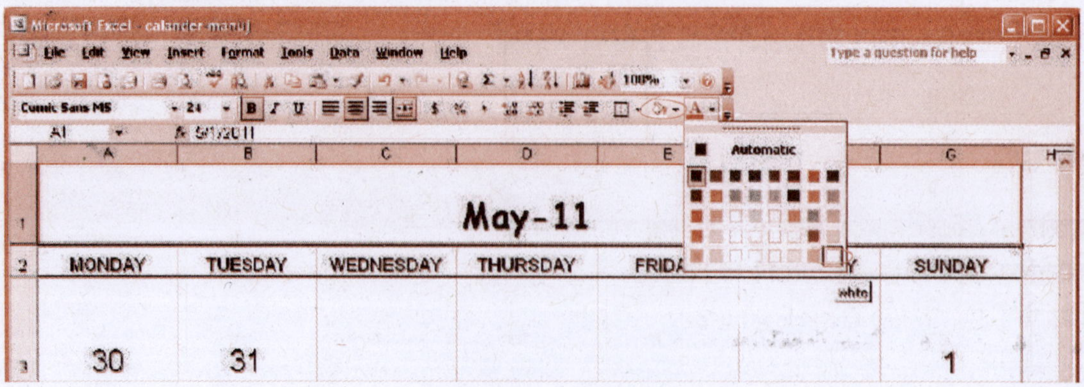

19. कैलेंडर निम्न प्रकार दिखाई देगा।

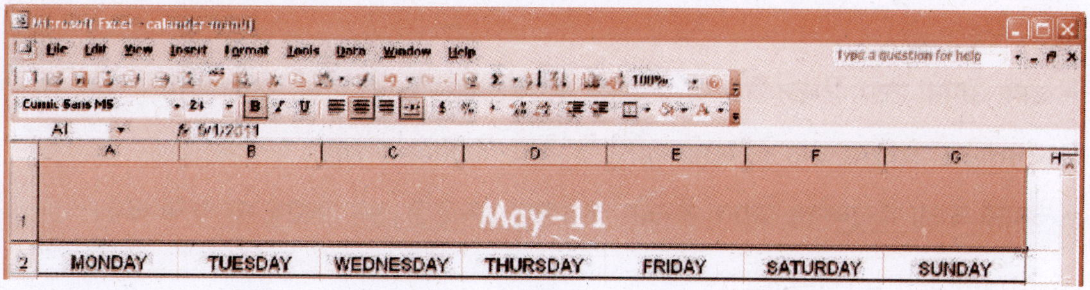

20. डे और डेट के फोरग्राउंड और बैकग्राउंड कलर बदलने के लिए स्टेप्स दोहराइए। अंततः कैलेंडर निम्न प्रकार का दिखाई देगा।

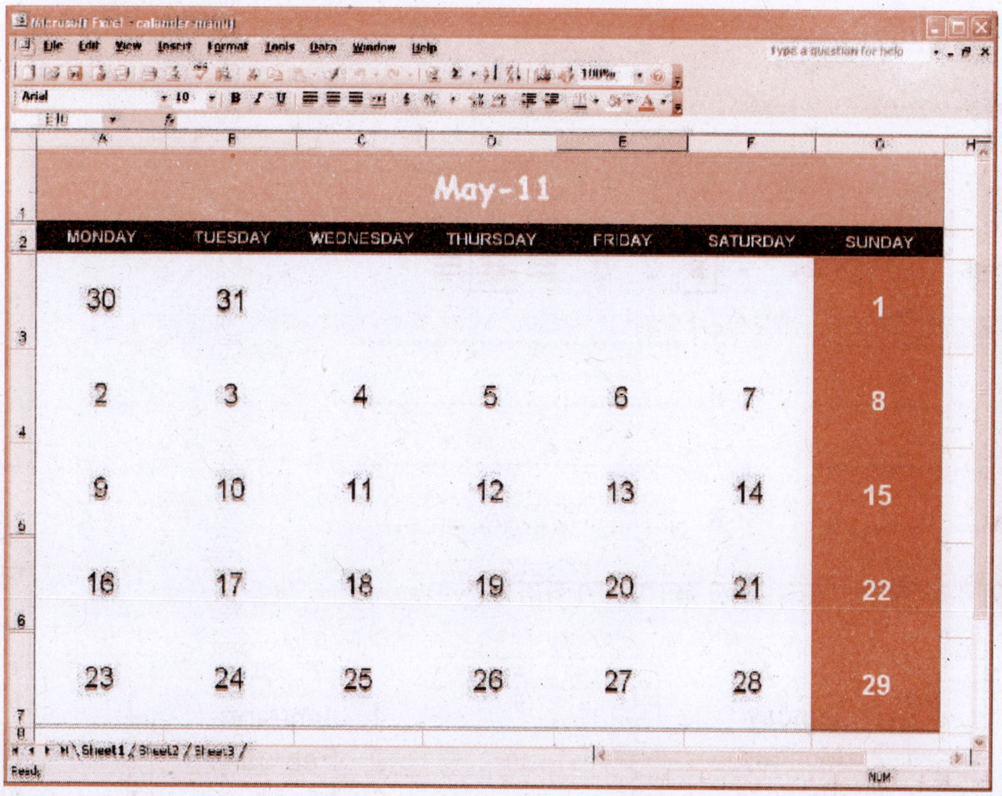

नोट

हमने एक महीना May-2011 बनाया है। इस अध्याय में सिखाई गई स्टेप्स प्रयोग करके आप वर्ष के किसी भी महीने का कैलेंडर बना सकते हैं।

21. **File > Save** पर क्लिक करके अपनी फाइल सेव कीजिए। एक नाम जैसे May-11 देकर Save पर क्लिक कीजिए। अब आप **File > Print** विकल्प का प्रयोग करके अपने कैलेंडर को प्रिंटर से प्रिंट कर सकते हैं।

याद करें

1. एक्सेल में ऑटोमैटिकली डेटा भरने के लिए ऑटोफिल का प्रयोग कर सकते हैं।
2. ऑटोफिल से दिन के क्रम, महीने के क्रम, डेट के क्रम, नंबर के क्रम भर सकते हैं।
3. प्रिंट के लिए शॉर्टकट Ctrl+P होता है।

अभ्यास

(अ) प्रैक्टिकल—

- आप अपना टाइम टेबल वैसे ही डिजाइन कीजिए जैसे कैलेंडर की डिजाइनिंग दिखाई गई है।
- जनवरी से दिसंबर तक के सभी महीनों के लिए कैलेंडर बनाइए।
- अपनी कक्षा में एक्सेल प्रोग्राम में और क्या कर सकते हैं, इस विषय पर चर्चा करें।

(ब) निम्न आइकंस को पहचानें—

1.  ....
2.  ....
3. 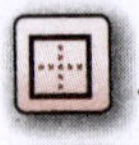 ....
4.  ....

(स) निम्न टूलबार के लेबल लिखिए—

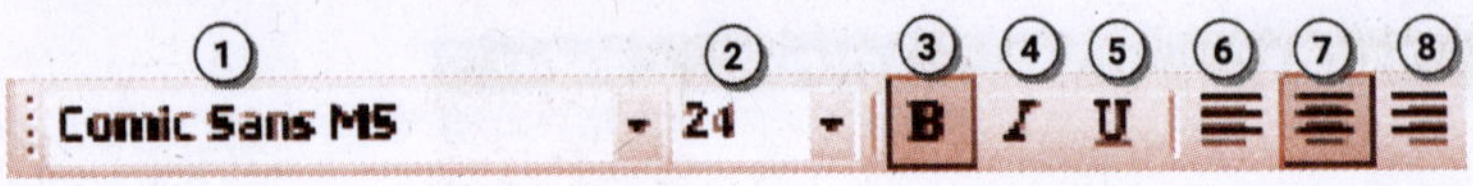

1. ....
2. ....
3. ....
4. ....
5. ....
6. ....
7. ....
8. ....

(द) निम्न कार्य करने के लिए फिल हैंडल का प्रयोग कीजिए—

	A
1	1
2	2
3	3
4	4
5	5
6	6
7	7
8	8
9	9
10	10

	A
1	Sunday
2	Monday
3	Tuesday
4	Wednesday
5	Thursday
6	Friday
7	Saturday

	A
1	5
2	
3	10
4	
5	15
6	
7	20

	A
1	January
2	February
3	March
4	April
5	May
6	June
7	July
8	August
9	September
10	October
11	November
12	December

	A
1	5
2	10
3	15
4	20
5	25
6	30
7	35
8	40
9	45
10	50

(च) निम्न के लिए स्टेप्स लिखिए—

1. रो की हाइट बदलना।
2. कॉलम की विड्थ बदलना।

शिक्षकों से

- छात्रों को प्रैक्टिकल द्वारा एम.एस. एक्सेल का ऑटोफिल फीचर समझाएँ।

बहुविकल्पीय प्रश्न

निम्न चार विकल्पों में से सही विकल्प पर (✔) निशान लगाएँ।

1. आप ऑटोफिल प्रयोग करके .... भर सकते हैं।

अ. डे सीक्वेंस ब. मंथ सीक्वेंस

स. डेट सीक्वेंस, नंबर सीक्वेंस आदि। द. उपर्युक्त

2. यदि आप ऑटोमैटिकली नंबर का सीक्वेंस भरना चाहते हैं तो .... का प्रयोग कर सकते हैं।

अ. कॉलम डिवाइडर ब. फिल हैंडल

स. सेप्रेटर द. इनमें से कोई नहीं

3. मर्ज और सेंटर बटन .... में होता है

अ. स्टैंडर्ड टूलबार ब. फॉरमेटिंग टूलबार

स. स्टेटस बार द. स्क्रॉल बार

4. टेक्स्ट का रंग बदलने का टूल होता है—

अ.  ब. 

स.  द. 

5. चुनी गई सेल का रंग बदलने का टूल होता है—

अ.  ब. 

स.  द. 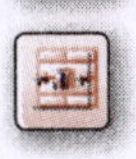

6. फाइल प्रिंट का शॉर्टकट है—

अ. Ctrl+T ब. Ctrl+P

स. Ctrl+R द. इनमें से कोई नहीं

7 एक्सेल में फॉर्मूले और फंक्शंस के प्रयोग

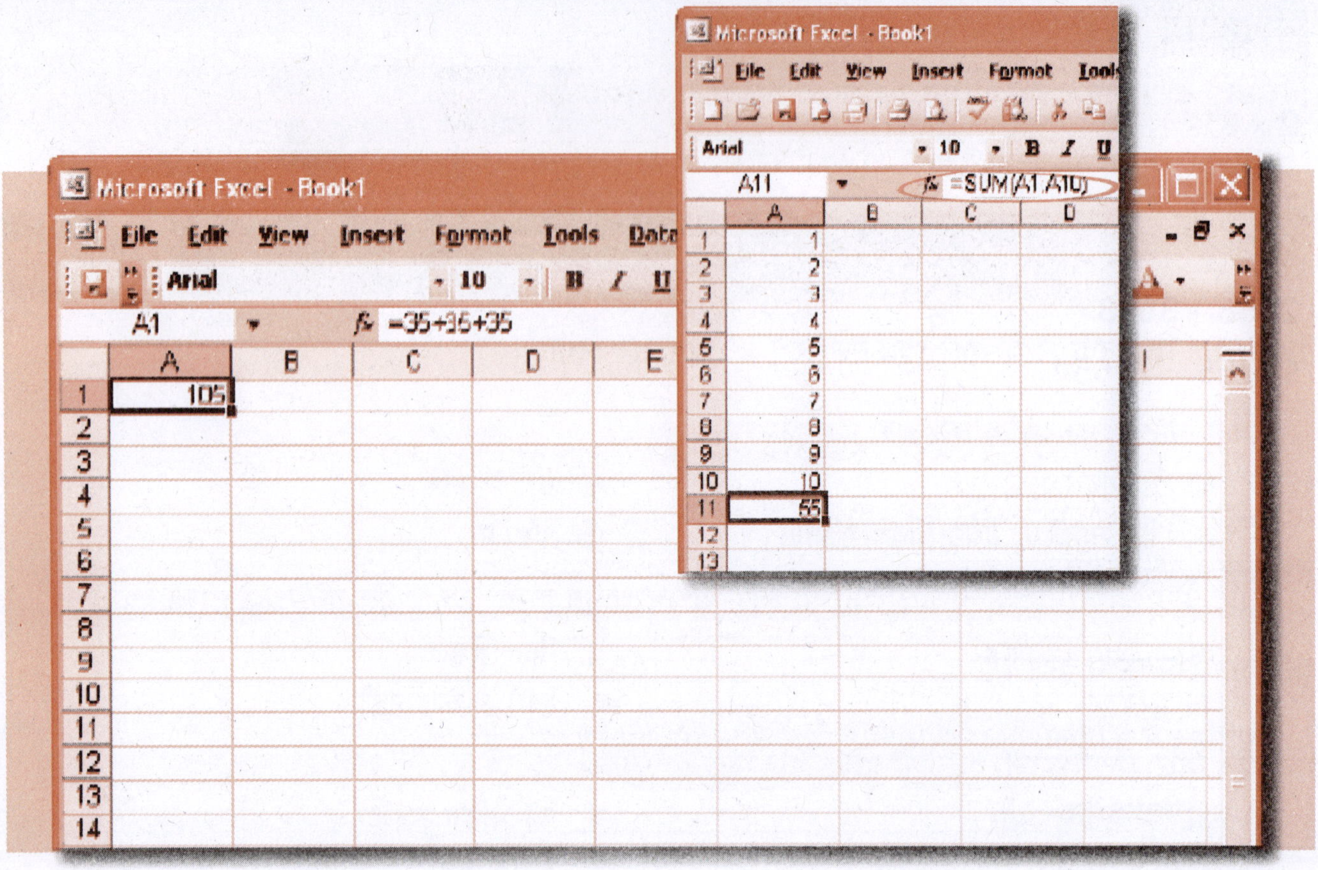

आप जानते हैं कि माइक्रोसॉफ्ट एक्सेल का प्रयोग कैलकुलेशन करने के लिए किया जा सकता है। यह साधारण कैलकुलेशन जैसे जोड़, घटाना, गुणा, भाग कर सकता है और इनके अतिरिक्त जटिल कैलकुलेशन—जैसे प्रतिशत निकालना आदि—भी कर सकता है। इस तरह के कैलकुलेशन करने के लिए आप अपने फॉर्मूले बनाकर भविष्य में प्रयोग के लिए सेव कर सकते हैं। आइए, देखें कैसे—

फॉर्मूला का प्रयोग क्यों?

फॉर्मूला एक्सेल की शक्तिशाली सुविधा है, जो गणितीय कैलकुलेशन करने में सहायता करता है। फॉर्मूला प्रयोग करके आप अपनी वर्कशीट में साधारण या जटिल गणनाएँ कर सकते हैं। फॉर्मूला को समीकरण भी कहते हैं। आप 2 या 3 अथवा 5 अंकोंवाली संख्याओं का जोड़, घटाना और भाग सेकंड के छोटे से भाग में कर सकते हैं, जो अन्यथा बहुत अधिक समय ले सकता है।

एक्सेल की शक्ति फॉर्मूला में छुपी है। आप वर्कशीट में किसी वैल्यू के आधार पर फॉर्मूला बना सकते हैं। बाद में आप इनमें से कोई या सभी वैल्यू बदल सकते हैं। एक्सेल परिणाम को स्वत: ही अपडेट कर देता है। नई वैल्यू के लिए नया फॉर्मूला देने की आवश्यकता नहीं होती है।

उदाहरण : यदि आपको नीचे दिए गए नंबर कैलकुलेट करने हैं—

$2 \times 3 = 6$

$33 \times 57 = 1881$

$232 \times 712 = 165184$

$2356 + 3543 = 5899$

$98765 - 27654 = 71111$

उपर्युक्त कैलकुलेशन में आपको बहुत समय लगेगा। एक्सेल में आपको सही फॉर्मूला और नंबर टाइप करने होंगे और वह क्षण भर में कैलकुलेट कर देगा।

फॉर्मूला कैसे काम करता है

एक्सेल में फॉर्मूला को काम करने के लिए तीन मुख्य तत्त्व या एलीमेंट चाहिए—

1. **equal sign (=)** जो यह बताता है कि यह एंट्री फॉर्मूला है,
2. कैलकुलेशन के लिए **values** या **cell references**
3. **mathematical operators** जैसे जोड़ के लिए प्लस का चिह्न (+) या घटाने के लिए माइनस चिह्न (-)

नोट

एक्सेल के सभी फॉर्मूला बराबर के चिह्न से शुरू होने चाहिए। बराबर का चिह्न एक्सेल को यह बताता है कि एंट्री एक फॉर्मूला है। यदि आपका फॉर्मूला बराबर के चिह्न के बिना शुरू होगा तो एक्सेल उसे सामान्य सेल एंट्री मानेगा और कैलकुलेट नहीं करेगा।

साधारण फॉर्मूला बनाना

साधारण फॉर्मूला, जो वैल्यू के बिना काम करते हैं, उन्हें बनाना आसान है। साधारण फॉर्मूला एक्सेल को कैलकुलेटर की तरह प्रयोग करते हैं। आप **सेल** में फॉर्मूला दे सकते हैं या उसे **फॉर्मूला बार** में एंटर कर सकते हैं।

संख्याओं की श्रृंखला जोड़ने के लिए आइए, एक फॉर्मूला बनाएँ।

1. वर्कशीट में खाली सेल पर क्लिक कीजिए और **=35+35+35** टाइप कीजिए। जब टाइपिंग पूरी हो जाए तो **Enter** की दबाइए।
2. ध्यान दीजिए कि कैलकुलेशन का परिणाम 105 सेल में आ जाता है।
3. जब सेल को सिलेक्ट करते हैं तो फॉर्मूला **Formula bar** में दिखाई देता है।

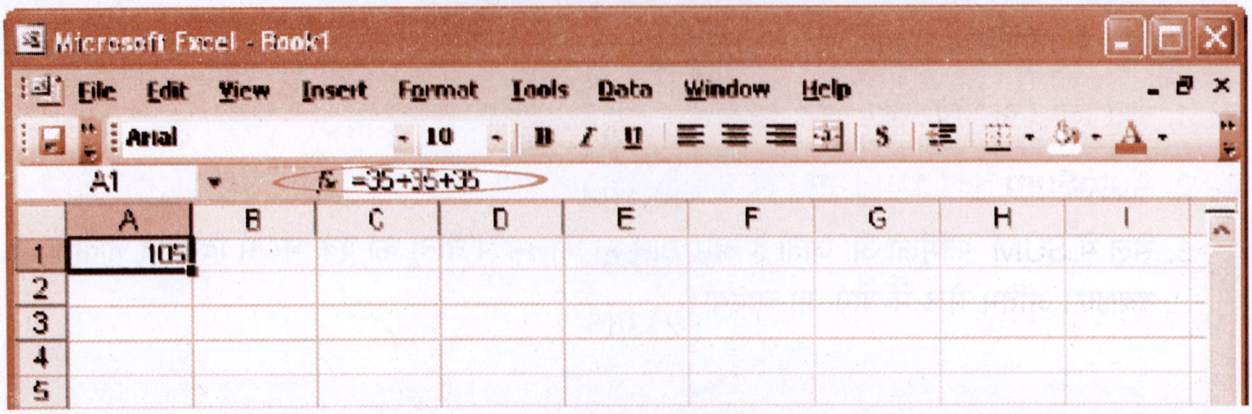

साधारण फॉर्मूले को एडिट करना

1. आप फॉर्मूला को उसकी सेल पर क्लिक करके और फिर **F2** दबाकर एडिट कर सकते हैं।
2. फॉर्मूला सेल में दिखाया जाता है, जिसमें फार्मूले के अंत में एक कर्सर चमकता है। ***15** टाइप करके **Enter** दबाइए।
3. जैसे दिखाया गया है वैसे पैरेंथेसेस जोड़ने के लिए फॉर्मूले को एडिट कीजिए। जब आपका फॉर्मूला दिखाए गए फॉर्मूले की तरह आ जाता है, **Enter** दबाइए। एक्सेल कैलकुलेशन के परिणाम को अपडेट कर देता है।

नोट : गुणा के लिए * का प्रयोग

कंप्यूटर '×' को अंग्रेजी वर्णमाला के अक्षर 'x' की तरह मानता है, गुणा के चिह्न की तरह नहीं। यदि हमें कंप्यूटर को दो संख्याओं के गुणा के लिए कहना है तो 2 * 3 = 6 लिखेंगे, 2 × 3 = 6 नहीं।

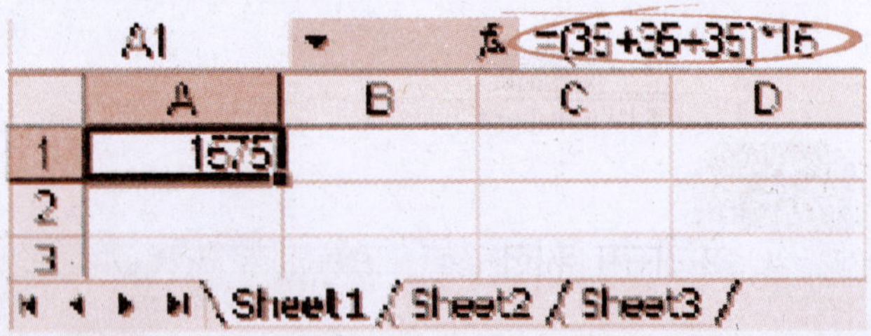

टिप : बोडमास

एक्सेल गणित के सभी नियमों का पालन करता है। यह फॉर्मूला हल करने के लिए BODMAS के क्रम का अनुसरण करता है।

Division Addition

Bracket **B O D M A S** Subtraction

Of Multiplication

ऑटोसम का प्रयोग

एक्सेल में स्टैंडर्ड टूलबार में **AutoSum** बटन Σ अत्यधिक शक्तिशाली टूल है। ऑटोसम वैल्यू की रेंज का योग कर देता है।

आइए, हम पहले 10 पूर्णांकों को जोड़ें (1+2+3+4+5+6+7+8+9+10=?)

एक्सेल में ऑटोफिल से आप पहले 10 पूर्णांक एंटर कर सकते हैं।

1. नंबर लिस्ट के नीचे जाइए और उस सेल में क्लिक कीजिए, जहाँ योग लाना चाहते हैं।
2. **AutoSum** बटन Σ पर क्लिक कीजिए।
3. सेल में SUM फॉर्मूला आ जाता है और साथ ही कॉलम में वैल्यू को एक घेरे से दिखाया जाता है। **Enter** दबाइए। अंतिम सेल में योग आ जाएगा।

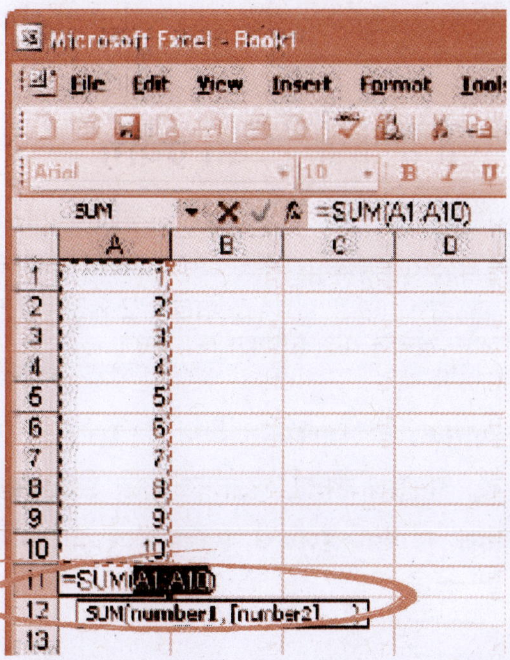

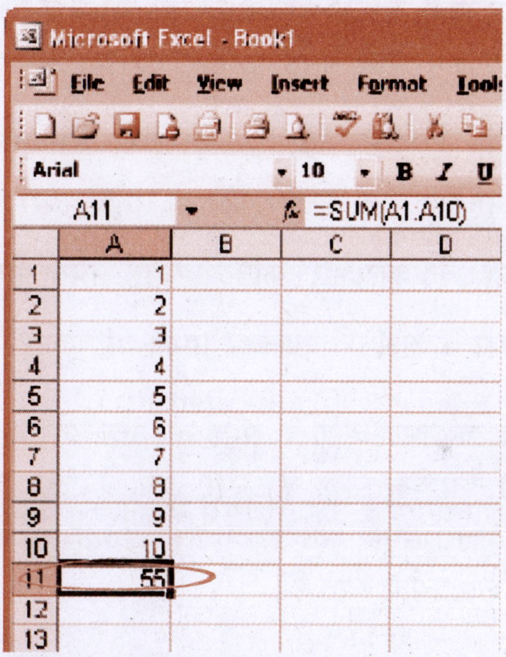

4. ऑटोसम कॉलम के साथ रो के नंबर जोड़ सकता है।

याद करें

1. फॉर्मूला को 'इक्वेशन' या समीकरण भी कहते हैं।
2. एक्सेल फॉर्मूले बराबर (=) के चिह्न से अवश्य शुरू होने चाहिए।
3. **AutoSum** बटन Σ क्रमवार नंबरों को जोड़ने के लिए प्रयोग हो सकता है। नंबरों का सीक्वेंस कॉलम या रो में हो सकता है।
4. गुणा के लिए * का प्रयोग होता है, × का नहीं।
5. भाग के लिए / का प्रयोग होता है ÷ का नहीं।

अभ्यास

(अ) प्रैक्टिकल

- पाँच विद्यार्थियों के अंक एंटर कीजिए और उनका योग निकालिए।
- क्रिकेट टीम द्वारा 50 ओवर में प्रत्येक बल्लेबाज द्वारा बनाए गए रन का स्कोर एंटर कीजिए और उन्हें जोड़कर रनों का योग निकालिए।
- पुस्तक की दुकान से खरीदे गए 10 आइटम (पुस्तकें, नोटबुक, स्टेशनरी आदि आइटम) के मूल्य और उनके नाम एंटर कीजिए और कुल कीमत कैलकुलेट कीजिए।

(ब) अन्य प्रैक्टिकल

शिक्षक कक्षा में छात्रों के चार-पाँच समूह बना सकते हैं। अपने समूह में छात्रों की आयु, भार और ऊँचाई एक्सेल में एंटर कीजिए और अपने समूह का कुल भार एवं ऊँचाई निकालिए। निम्नलिखित ज्ञात कीजिए—

- प्रत्येक समूह की कुल आयु। कौन सा समूह सबसे छोटा और कौन सा बड़ा है ?
- प्रत्येक समूह की कुल ऊँचाई। कौन सा समूह सबसे लंबा और कौन सा छोटा है ?
- प्रत्येक समूह का कुल भार। कौन सा समूह सबसे भारी और कौन सा हलका है ?

अब आप समूहों में छात्रों को बदलकर समान या मिलते-जुलते योग बनाने की कोशिश कीजिए।

बधाई हो! आपने अपनी कक्षा के समूह का उच्च स्तर का संख्यात्मक विश्लेषण कर लिया है। संभवत: आपने यह कैलकुलेशन प्रत्येक समूह के 5-10 छात्रों के लिए किया है। अनुसंधानकर्ता, वैज्ञानिक और इंजीनियर इन गणनाओं का हजारों समूहों और प्रत्येक समूह में हजारों ऑब्जेक्ट्स को एक-दूसरे से तुलना करने और परिणाम निकालने के लिए प्रयोग करते हैं।

समान योग प्राप्त करने के लिए छात्रों को एक से दूसरे समूह में बदलना **सांख्यिकी संतुलन** का उदाहरण है। यह एक्सेल में **What-If** विश्लेषण का बहुत ही बेसिक उदाहरण है। कंपनियाँ इसे अपनी बिक्री और लाभ को कैलकुलेट करने में अकसर इस्तेमाल करती हैं।

इन टेक्निकल टर्म जैसे स्टेटिकल एनालिसिस या सांख्यिकी विश्लेषण और स्टेटिकल बैलेंसिंग के बारे में चिंता मत कीजिए। आप जान ही चुके हैं कि इनका क्या अर्थ है और एक्सेल में कैलकुलेशन के लिए इन्हें कैसे प्रयोग करते हैं।

बहुविकल्पीय प्रश्न

निम्न चार विकल्पों में से सही विकल्प पर (✔) निशान लगाएँ।

1. .... एक्सेल की अत्यधिक शक्तिशाली सहायता है, जो गणितीय कैलकुलेशन में सहायक है।

अ. कैलकुलेशंस — ब. डेटा

स. फॉर्मूले — द. इन्फॉर्मेशन

2. फॉर्मूला को यह भी कहते हैं—

अ. चार्ट — ब. इक्वेशंस

स. कैलकुलेशंस — द. इनमें से कोई नहीं

3. प्रत्येक एक्सेल फॉर्मूला में .... की एलीमेंट होना चाहिए।

अ. equal sign (=), जो यह बताता है कि यह एंट्री फॉर्मूला है,

ब. कैलकुलेशन के लिए values या cell references

स. mathematical operators जैसे जोड़ के लिए प्लस का चिह्न (+) या घटाने के लिए माइनस का चिह्न (-)

द. उपर्युक्त सभी

4. एक्सेल के सभी फॉर्मूले .... से शुरू होते हैं।

अ. प्लस साइन — ब. ईक्वल साइन

स. माइनस साइन — द. डिवीजन साइन

5. आप फॉर्मूले को उसकी सेल पर क्लिक करके और फिर .... दबाकर एडिट कर सकते हैं।

अ. F1 — ब. F2

स. F3 — द. F4

6. ऑटोसम बटन .... में होता है।

अ. स्टैंडर्ड टूलबार — ब. फॉरमेटिंग टूलबार

स. ड्रॉइंग टूलबार — द. इनमें से कोई नहीं

7. Σ ▾ इसका सिंबल है—

अ. फॉर्मूला — ब. फंक्शन

स. ऑटोसम — द. इनमें से कोई नहीं

8 नेटवर्क और इंटरनेट का परिचय

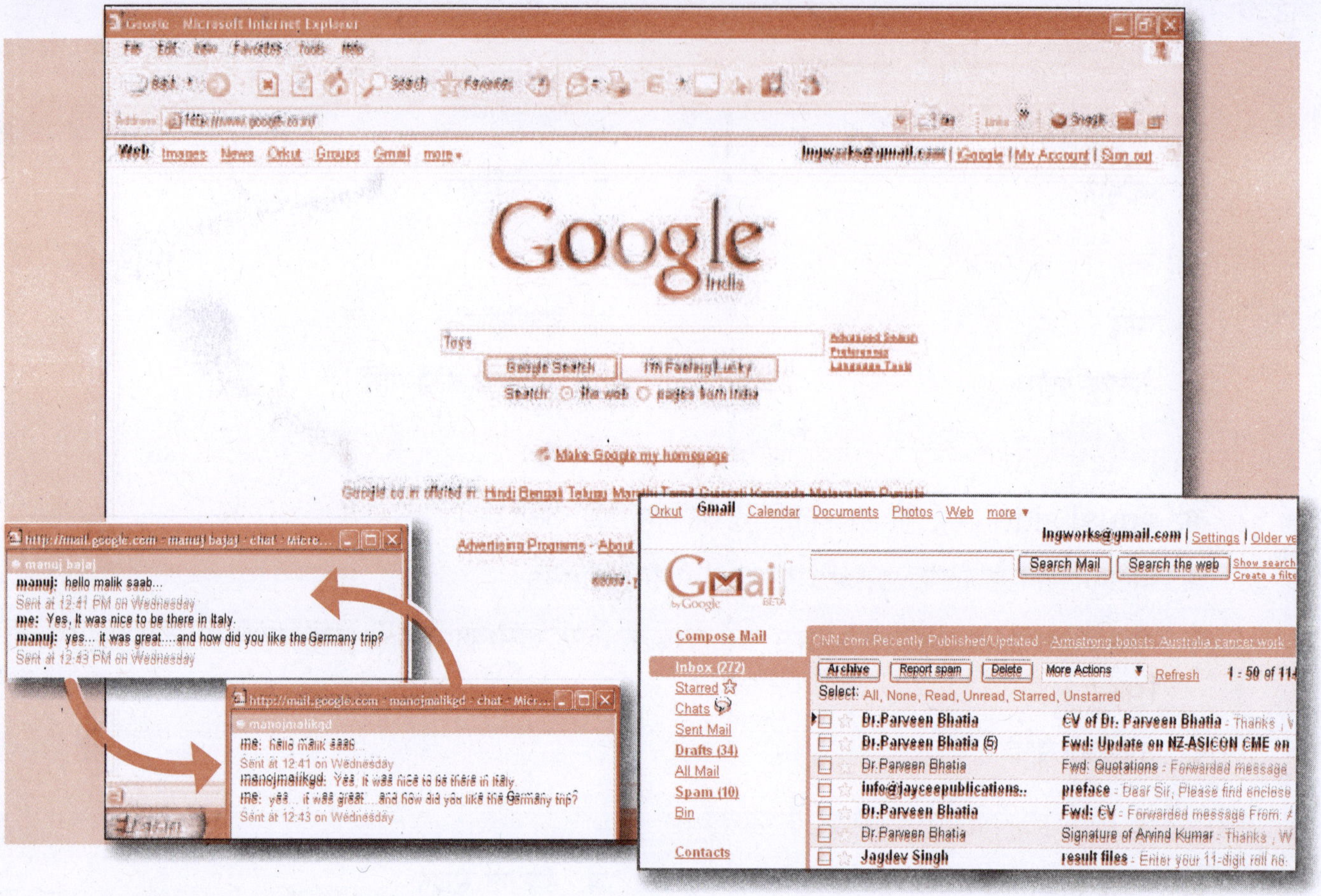

आप अपनी कंप्यूटर लैब की प्रयोगशाला में कई बार गए होंगे। आपके कंप्यूटर लैब में कितने कंप्यूटर हैं? आपके कंप्यूटर लैब में कितने स्कैनर और प्रिंटर हैं? क्या लैब में प्रत्येक कंप्यूटर के साथ एक स्कैनर और प्रिंटर जुड़ा है?

इस प्रश्न का उत्तर होगा—नहीं। क्यों?

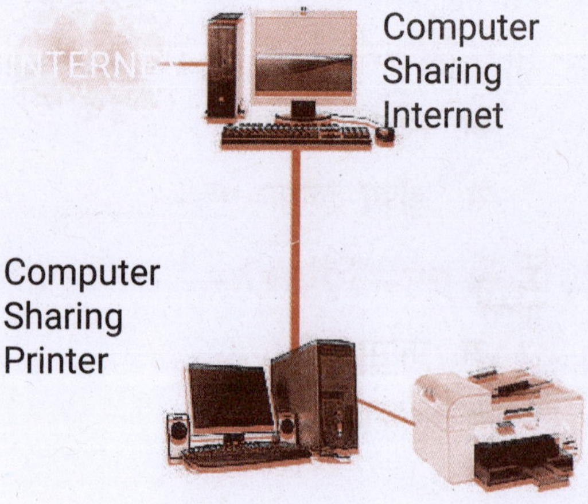

प्रत्येक कंप्यूटर का अपना अलग से स्कैनर और प्रिंटर न होने का कारण रिसोर्सिज या संसाधन को साझा करके कीमत बचाना है। आप अपने कंप्यूटर में डेटा, सॉफ्टवेयर, इंटरनेट कनेक्शन, प्रिंटर, स्कैनर, हार्ड ड्राइव, सी.डी./डी.वी.डी. ड्राइव साझा कर सकते हैं।

कंप्यूटरों का आपस में एक-दूसरे के साथ जुड़ा हुआ और रिसोर्सिज को साझा करनेवाला यह समूह **कंप्यूटर नेटवर्क** कहलाता है।

एक नेटवर्क में कंप्यूटर विशेष हार्डवेयर जैसे—नेटवर्क कार्ड, वायर और केबल, हब, स्विच और कनेक्टर आदि की सहायता से जुड़े होते हैं।

आजकल एक विशेष प्रकार का नेटवर्क बहुत ही लोकप्रिय है। इसे **वायरलेस नेटवर्क** कहते हैं। इस प्रकार के नेटवर्क में विशेष प्रकार की नेटवर्क डिवाइसेज लगती हैं और वायर या केबल नहीं होता।

वायरलेस नेटवर्क का आसानी से दिखनेवाला एक उदाहरण आपका मोबाइल फोन है

अतिरिक्त जानकारी : नेटवर्क के प्रकार

- तरह-तरह गुण-धर्मों के अनुसार नेटवर्क को वर्गीकृत किया जा सकता है।
- मापदंड के आधार पर नेटवर्क को लोकल एरिया नेटवर्क (LAN), वाइड एरिया नेटवर्क (WAN) और मेट्रोपोलिटन एरिया नेटवर्क (MAN) के रूप में वर्गीकृत किया जा सकता है।
- हार्डवेयर और सॉफ्टवेयर टेक्नोलॉजी के आधार पर नेटवर्क में स्वतंत्र डिवाइस को ऑप्टीकल फाइबर, इथरनेट, वायरलेस लैन आदि से जोड़ा जाता है।
- नेटवर्क टोपोलॉजी के आधार पर नेटवर्क बेस नेटवर्क, स्टार नेटवर्क, रिंग नेटवर्क से जोड़े जाते हैं।
- नेटवर्क के बारे में यह सब व्यापक जानकारी आपको बड़ी कक्षा में मिलेगी।

अब आप जानते हैं कि नेटवर्क बनाने के लिए कई कंप्यूटरों को जोड़ा जाता है, अतः यह ध्यान रखना आवश्यक है कि नेटवर्क पर रिसोर्सिज साझा करने के लिए अनुमति और अधिकार लेने की आवश्यकता होती है। अब सोचिए कि क्या यह संभव है कि एक नेटवर्क दूसरे नेटवर्क का भाग बन जाए?

हाँ, नेटवर्कों का नेटवर्क **इंटरनेट** कहलाता है।

इंटरनेट क्या है?

इंटरनेट कंप्यूटर नेटवर्क का विश्वव्यापी सिस्टम है, जिसे नेटवर्कों का **नेटवर्क** भी कहते हैं। यूजर किसी एक कंप्यूटर से विश्व के किसी भी दूसरे कंप्यूटर की इन्फॉर्मेशन प्राप्त कर सकता है। कभी-कभी इंटरनेट को **'नेट'** भी कहते हैं।

अतिरिक्त जानकारी : इंटरनेट का इतिहास

इंटरनेट सबसे पहले संयुक्त राज्य अमेरिकी सरकार की एडवांस्ड रिसर्च प्रोजेक्ट एजेंसी (ARPA) द्वारा प्रयोग किया गया था। इसका विकास प्राकृतिक आपदा या परमाणु हमले से बचाव के लिए किया गया था। जिस एजेंसी ने इसे बनाया, उसके नाम पर इंटरनेट को पहले 'ARPANET' कहते थे।

यद्यपि इंटरनेट का विकास सुरक्षा एजेंसी ने किया, लेकिन बाद में इसे विभिन्न विश्वविद्यालयों ने शैक्षणिक कार्य हेतु अपनाया। आज इंटरनेट संपूर्ण विश्व के असंख्य लोगों द्वारा इस्तेमाल होनेवाली जन-सुविधा है।

प्रत्येक नेटवर्क डेटा शेयर करने और दक्षतापूर्वक चलने के लिए नियमों के एक समूह का पालन करता है। ये नियम **नेटवर्क प्रोटोकॉल** कहलाते हैं। इंटरनेट जिस प्रोटोकॉल के सेट पर काम करता है, उसे **ट्रांसमिशन कंट्रोल प्रोटोकॉल/इंटरनेट प्रोटोकॉल (TCP/IP)** कहते हैं।

वर्ड वाइड वेब

क्या आपने कभी इंटरनेट खोलकर प्रयोग किया है? इंटरनेट पर प्रत्येक एड्रेस www से शुरू होता है जैसे www.yahoo.com, www.google.com आदि। यह www वर्ड वाइड वेब या वेब का संदर्भ है। यह इंटरनेट का सर्वाधिक प्रयोग होनेवाला भाग है। यह कुछ विशेष प्रोटोकॉल का प्रयोग करता है, जिसे **हाइपरटेक्स्ट ट्रांसफर प्रोटोकॉल (HTTP)** कहते हैं। एच.टी.टी.पी. बहुत सारे पेजों को एक साथ जोड़ने की साधारण विधि है।

लिंक किया गया टेक्स्ट एक अंडरलाइन या विशेष रंग से चिह्नित किया जाता है। जब आप अंडरलाइन या रंगवाले शब्द या वाक्य को क्लिक करते हैं तो नई साइट या नए पेज पर चले जाते हैं। टेक्स्ट के अतिरिक्त क्लिक करने योग्य बटन, इमेज या इमेज के भाग भी होते हैं। जब आप क्लिक करने योग्य स्थान पर पॉइंटर ले जाते हैं तो पॉइंटर एक हाथ के रूप में बदल जाता है। यह संकेत करता है कि आप यहाँ क्लिक करके दूसरी साइट या पेज पर जा सकते हैं।

वेब ब्राउजर

वेब का प्रयोग करके आप सूचना के अरबों पेज देख सकते हैं। इन पेजों को देखने के लिए आपके कंप्यूटर में एक विशेष सॉफ्टवेयर की आवश्यकता होती है। यह विशेष सॉफ्टवेयर **वेब ब्राउजर** कहलाता है। कुछ प्रचलित वेब ब्राउजर इंटरनेट एक्सप्लोरर, गूगल क्रोम, फायर फॉक्स, सफारी, ओपेरा आदि हैं।

विभिन्न पेजों को वेब ब्राउजर से देखना **ब्राउजिंग** या **नेटसर्फिंग** कहलाता है।

ब्राउजर के पुराने वर्जन केवल टेक्स्ट दिखा सकते थे, लेकिन आज आप एनीमेशन, वीडियो, साउंड और म्यूजिक फाइलों को देख सकते हैं। ये नई इंटरनेट आधारित एप्लीकेशन *रिच इंटरनेट एप्लीकेशन* कहलाती हैं।

इलेक्ट्रॉनिक मेल (ई-मेल)

क्या आपने कभी अपने मित्र या संबंधी को डाक से पत्र भेजा है? अब आवश्यकता नहीं है। आज कंप्यूटराइज्ड

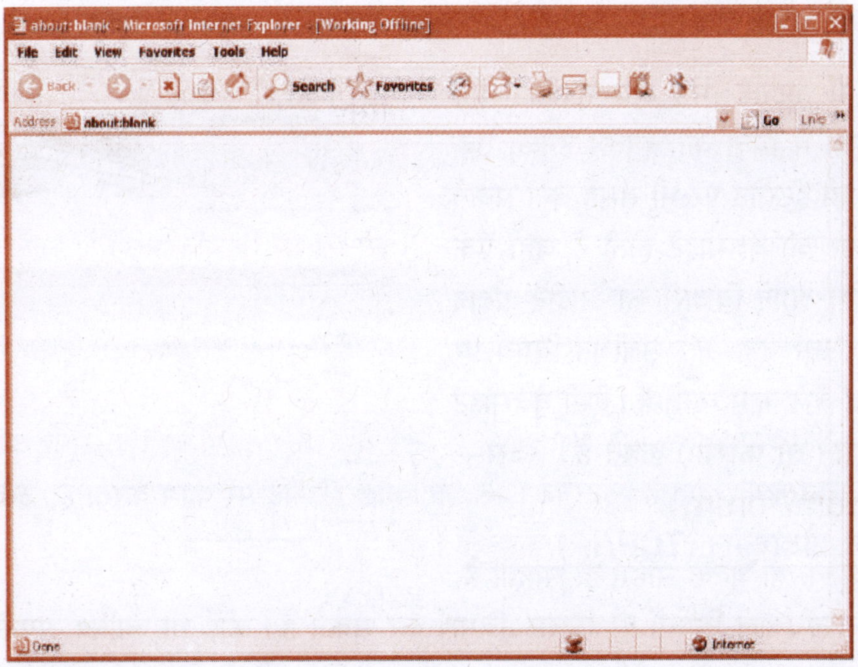

वर्जन, जिसे **इ-मेल** कहते हैं, उसने डाक-पत्रों का स्थान ले लिया है। ई-मेल साधारण पत्र के समान ही होती है, लेकिन इसे भेजने का तरीका भिन्न होता है, क्योंकि इसे कंप्यूटर से इलेक्ट्रॉनिक विधि से भेजते हैं। ई-मेल से आप किसी भी प्रकार की सूचना का आदान-प्रदान कर सकते हैं। उदाहरण के लिए, टेक्स्ट, इमेज, वीडियो, एनिमेशन, ऑफिस डॉक्यूमेंट आदि।

इ-मेल ने तीव्र गति, विविध माध्यम, कम कीमत और सुदूर पहुँच के कारण पूरी तरह डाक सेवा (snail mail) का स्थान ले लिया है।

इ-मेल भेजने और प्राप्त करने के लिए आपको केवल इंटरनेट कनेक्शन और इ-मेल एड्रेस की आवश्यकता होती है। आप याहू, जीमेल और हॉट मेल जैसी वेबसाइट पर अपना इ-मेल एड्रेस/एकाउंट बना सकते हैं। ये प्रयोग के लिए बिलकुल निःशुल्क हैं।

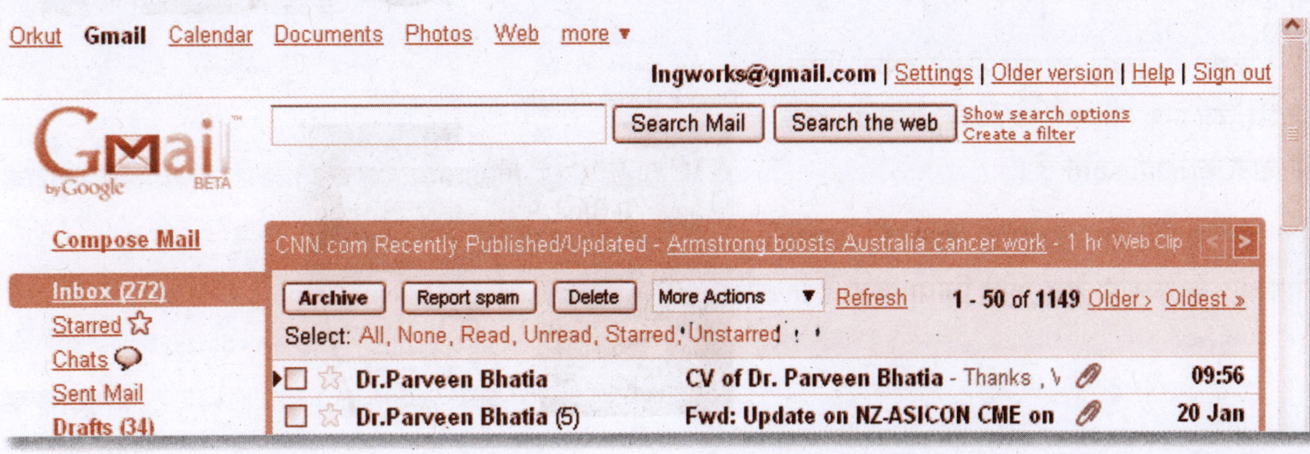

डिस्कशन फोरम

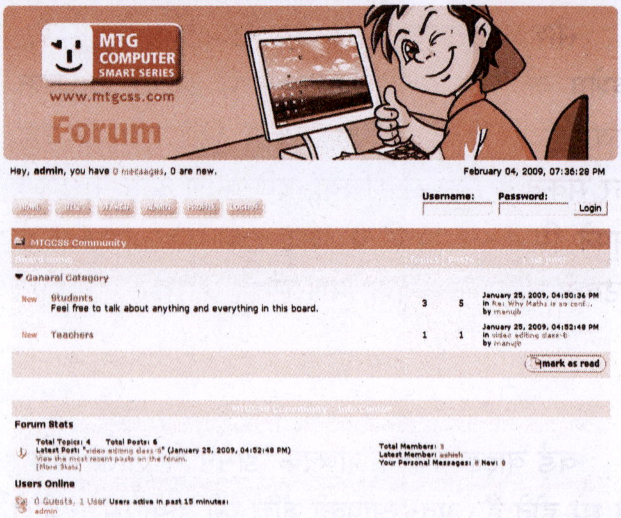

आपकी कक्षा में आपके मित्र और उनका समूह होगा। जैसे आप कक्षा में मित्रों को चुनकर उनका एक समूह बनाते हैं, वैसे ही इंटरनेट पर भी समूह बना सकते हैं। ऐसी विशेष प्रकार की वेबसाइटें होती हैं जहाँ एक जैसे विचारोंवाले लोग अपने विचारों का आदान-प्रदान करना, प्रश्न भेजना, उत्तर देना और संबंधित विषय पर सहायता प्रदान करना जैसे काम करते हैं। ऐसी वेबसाइट को **डिस्कशन फोरम (या फोरम)** कहते हैं। (जैसे—www.mtgcss.com/forum)

ऐसी सेवा नि:शुल्क या शुल्क सहित हो सकती है, जिस पर लोग समान रुचिवाले विषयों पर विचार-विमर्श कर सकते हैं। कोई भी व्यक्ति अपनी रुचिवाले समूह के साथ विचार-विमर्श कर सकता है। कोई भी व्यक्ति वार्तालाप में अपनी वेबसाइट इंटरफेस या इ-मेल से भाग ले सकता है। कोई नया समूह भी शुरू कर सकता है। ये ग्रुप पोस्टिंग की आर्काइव रखते हैं।

इंटरनेट फोरम को वेब फोरम, मेसेज बोर्ड, डिस्कशन बोर्ड, डिस्कशन ग्रुप, डिस्कशन फोरम और बुलेटिन बोर्ड भी कहते हैं।

ब्लॉग

ब्लॉग एक वेबसाइट है, जिसमें नियमित रूप से इन्फॉरमेशन या सूचनाएँ पोस्ट की जाती हैं। ये इन्फॉरमेशन नवीनतम होती हैं और सबसे पहले इन ब्लॉगों पर दिखाई जाती हैं। ब्लॉग वेब लॉग का संक्षिप्त रूप है। ब्लॉग लिखना, उसे मेनटेन करना और उसमें आर्टिकल जोड़ना ब्लॉगिंग कहलाता है। ब्लॉग पर स्वतंत्र आर्टिकल ब्लॉग पोस्ट, पोस्ट या एंट्री कहलाते हैं। जो व्यक्ति यह एंट्री भेजता है उसे ब्लॉगर कहते हैं।

ब्लॉग में टेक्स्ट, हाइपर टेक्स्ट इमेज, लिंक (दूसरे वेब पेज, वीडियो, ऑडियो, अन्य फाइलों में जाने के लिए) होते हैं।

ब्लॉग में जो डॉक्यूमेंट होता है, उसमें बातचीत के रूप में डेटा फीड किया जाता है।

सोशल नेटवर्क साइट्स

सोशल नेटवर्क साइट वेब आधारित सेवाएँ हैं, जो व्यक्ति विशेष को एक सुरक्षित सिस्टम में अपनी प्रोफाइल बनाने का अवसर देती हैं। ये व्यक्ति बाद में दूसरे यूजर के साथ वार्त्तालाप कर सकते हैं जिनकी रुचियाँ, दृष्टिकोण आदि समान हों और उन्हें अपने मित्रों की सूची में जोड़ सकते हैं। कुछ प्रचलित सोशल नेटवर्क साइटें फेस बुक, माई स्पेस, ऑरकुट, ईबीबो आदि हैं।

सर्च इंजन

वर्ड वाइड वेब में पब्लिक डोमेन में लाखों पेज इन्फॉरमेशन से भरे होते हैं, अत: आपकी रुचि की इन्फॉरमेशनवाले पेज ढूँढ़ना लगभग असंभव होता है।

सर्च इंजन एक ऑन लाइन सॉफ्टवेयर प्रोग्राम होता है, जो आपके दिए गए शब्दों के आधार पर वेबसाइट ढूँढ़ता है। ये शब्द **Keywords** कहलाते हैं। सर्च इंजन किसी विशेष वेबसाइट को ढूँढ़ने के लिए Keywords का प्रयोग करके अपने डेटाबेस में उसे ढूँढ़ते हैं।

सर्च इंजन विशेष रूप से बनाए गए सिस्टम जैसे गूगल, याहू, एम.एस.एन., ऑल्टा विस्टा और एक्साइट आदि का प्रयोग करते हैं। यद्यपि नेट में लगभग 1,500 से अधिक सर्च इंजन उपलब्ध हैं, लेकिन सबसे अधिक प्रचलित सर्च इंजन गूगल है।

यदि ढूँढ़ी जानेवाली इन्फॉरमेशन विस्तृत है तो परिणाम की सूची भी हजारों या लाखों पेज की हो सकती है। कोई इन परिणामों में भटक भी सकता है। कुछ ऐसी तकनीकें हैं, जिनसे आप अपनी क्वेरी के लिए उत्तम परिणाम प्राप्त कर सकते हैं। ऐसी कुछ तकनीकों के बारे में हम आगामी कक्षाओं में पढ़ेंगे।

कॉन्फ्रेंसिंग (टेक्स्ट, डेटा, ऑडियो, वीडियो)

कॉन्फ्रेंसिंग दो या अधिक लोगों के बीच कंप्यूटर व इंटरनेट तकनीकों के माध्यम से होनेवाली बातचीत है। इसमें टेक्स्ट डेटा ऑडियो वीडियो किसी भी रूप में दो साझा सकता है। कॉन्फ्रेंसिंग

में तुरंत मेसेज भेजने का सबसे अधिक प्रचलित रूप इंस्टेंट मेसेंजर के माध्यम से है, जैसे—याहू मेसेंजर, एम.एस.एन. मेसेंजर, गूगल टॉक आदि।

कोलाबोरेटिव कंप्यूटिंग

कोलाबोरेटिव कंप्यूटिंग (या कोलाबोरेशन) कॉन्फ्रेंसिंग के एक एडवांस रूप को दरशाता है, जिसमें भाग लेनेवाले लोग कंप्यूटर स्क्रीन, की-बोर्ड, माउस, कैमरे आदि को साझा कर सकते हैं। भाग लेनेवाले लोग एक-दूसरे कंप्यूटर को नियंत्रित भी कर सकते हैं, चाहे वे दीवार या महाद्वीप के दूसरी ओर बैठे हों। भाग लेनेवाले व्यक्ति एक-दूसरे से बातचीत या टेक्स्ट के माध्यम से संवाद करते समय ग्राफिक्स, ड्राइंग, डॉक्यूमेंट का एक ही समय लेन-देन कर सकते हैं।

चैटिंग

इंटरनेट के माध्यम से दो लोगों के बीच संवाद करना **चैटिंग** कहलाता है। एक बार जब चैटिंग शुरू हो जाती है तो की-बोर्ड पर टाइप करके टेक्स्ट भेजा जा सकता है, जो दूसरे यूजर के मॉनीटर पर दिखाई देता है। अधिकतर

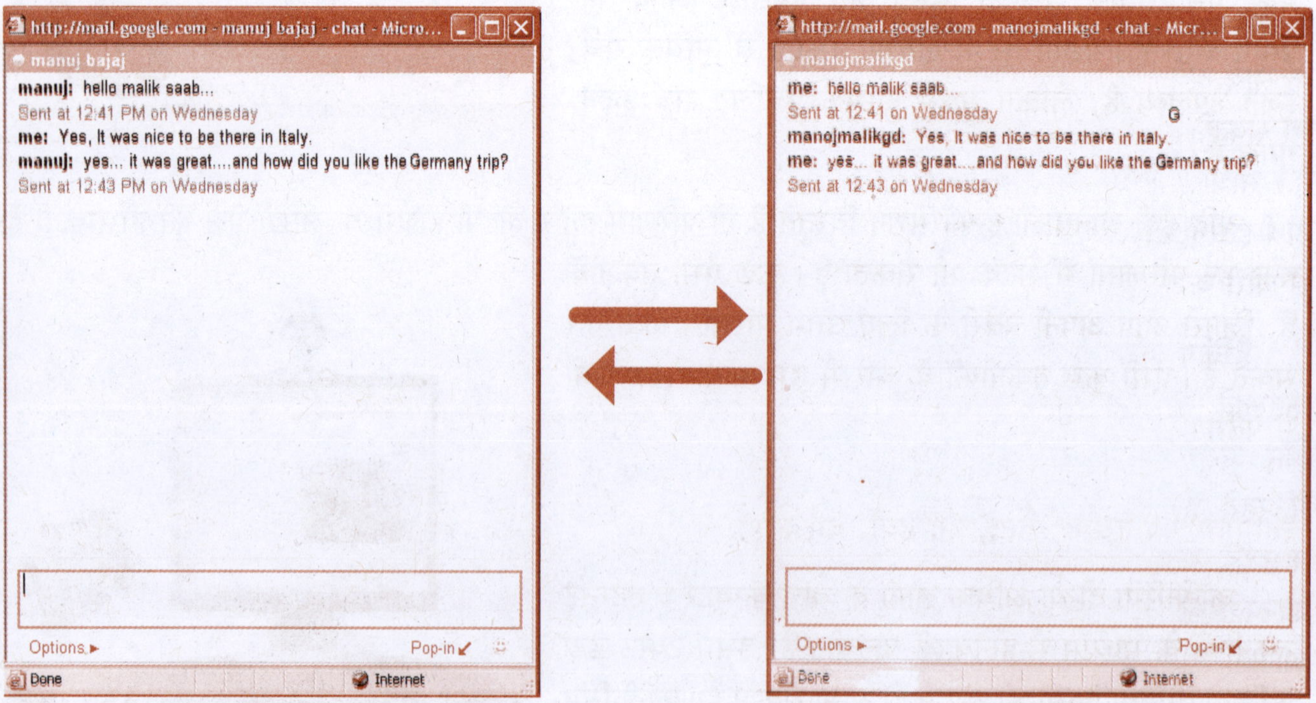

User-1 User-2

नेटवर्क और ऑनलाइन सर्विस चैट फीचर्स प्रदान करते हैं। चैट का दूसरा रूप है वेब कैम का प्रयोग करके ऑडियो और वीडियो के माध्यम से चैटिंग करना है। एप्लीकेशन, जिनके माध्यम से चैटिंग की जा सकती है, वे हैं आईआरसी, याहू आईएम, गूगल टॉक, एम.एस.एन. मेसेंजर, ए.ओ.एल.ए. ए.आई.एम. आदि।

अतिरिक्त जानकारी : प्राइवेसी

यद्यपि हमारे लिए बहुत ही श्रेष्ठ टेक्नोलॉजी उपलब्ध हैं, परंतु कंप्यूटर प्रयोग करने के अनेक लाभों के साथ कुछ हानियाँ भी हैं। कुछ गलत लोग हमारी इन्फॉरमेशन जैसे—पहचान, पासवर्ड, क्रेडिट कार्ड की इन्फॉरमेशन और बैंक एकाउंट की रिपोर्ट आदि चुरा लेते हैं। इसके लिए आपको अपनी पहचान आदि इंटरनेट पर बताने से सतर्क रहना चाहिए, ताकि उसका गलत प्रयोग न हो सके।

उदाहरण के लिए—

- किसी अनजान साइट पर अपने क्रेडिट कार्ड का नंबर और पिन न दें।
- चैटिंग पर अपनी गुप्त जानकारियाँ न बताएँ।
- इमेज के साथ किसी भी गोपनीय दस्तावेज को अटैच करने से पहले सतर्क रहें।
- किसी सोशल नेटवर्क साइट पर अपना फोन नंबर, ई-मेल आईडी, पासवर्ड आदि न बताएँ।
- किसी अजनबी को अपना असली नाम, उम्र, लिंग, एड्रेस, फोन नंबर या ऐसे ही अन्य विवरण न बताएँ।

हैकिंग

हैकिंग एक कला और विज्ञान है जिसमें चालाकी, प्रतिभा और अच्छी जानकारी के माध्यम से नेटवर्क या इंटरनेट से जुड़े सिस्टम के साथ अवैध रूप से छेड़छाड़ की जा सकती है। हैकिंग एक अपराध है। साधारण भाषा में **हैकिंग** का अर्थ इंटरनेट के माध्यम से कंप्यूटर से चोरी करना होता है।

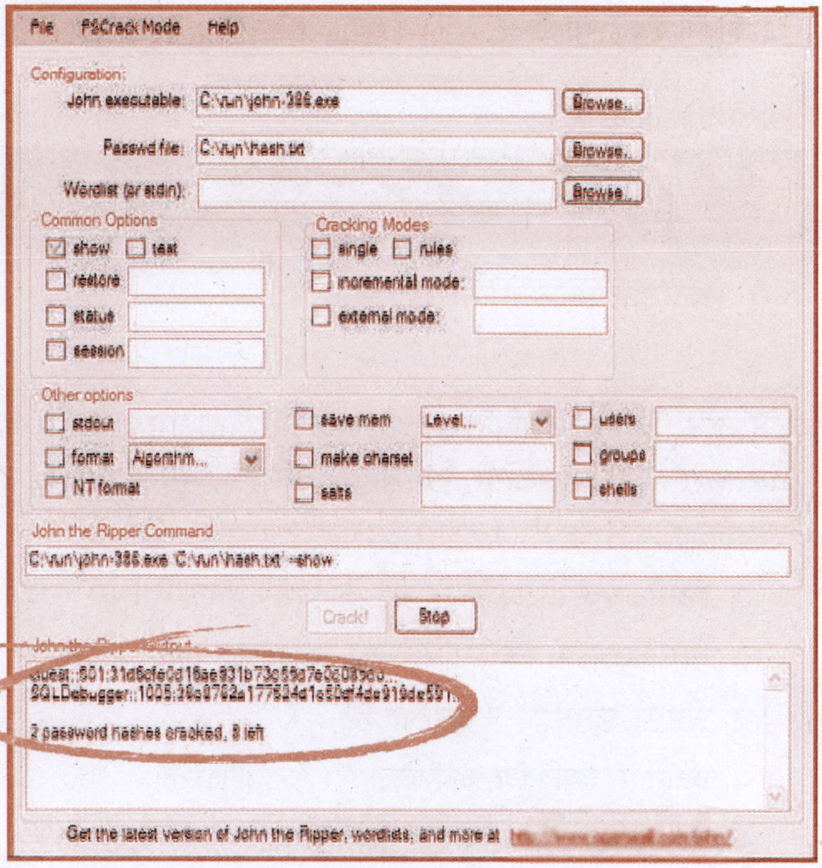

हैकिंग कंप्यूटर यूजर **हैकर** कहलाते हैं। ये लोग कमजोर और असुरक्षित सिस्टम की खोज में रहते हैं। ये आपकी पहचान, पासवर्ड, कोड और अन्य गोपनीय जानकारियाँ चुरा सकते हैं। ये आपकी जानकारी के बिना आपके कंप्यूटर का प्रयोग दूसरे कंप्यूटर पर

हमला करने के लिए भी कर सकते हैं और यदि उस कार्रवाई के परिणामस्वरूप हमला करनेवाला कंप्यूटर ढूँढ़ा जाए तो वह आपका कंप्यूटर निकलेगा, जिससे आप कानूनी कार्रवाई में फँस सकते हैं। अपने सिस्टम में अच्छा एंटी स्पाईवेयर, फायरवॉल डालकर उसे (विशेष रूप से विंडोज और ऑफिस सॉफ्टवेयर) नियमित रूप से अपडेट करते रहें, जिससे वह हैकर से सुरक्षित रह सके।

याद करें

1. **कंप्यूटर नेटवर्क** एक-दूसरे से जुड़े कंप्यूटर जो कीमत बचाने के लिए रिसॉर्सेस साझा करते हैं, उनका एक समूह है।
2. इंटरनेट कंप्यूटर नेटवर्क का एक विश्वव्यापी सिस्टम है, जो अनेक नेटवर्कों का नेटवर्क होता है।
3. इंटरनेट प्रोटोकॉल के सेट पर चलता है, जिसे **टी.सी.पी./आई.पी.** (ट्रांसमिशन कंट्रोल प्रोटोकॉल/इंटरनेट प्रोटोकॉल) कहते हैं।
4. इंटरनेट का सबसे अधिक प्रयोग होनेवाला भाग वर्ड वाइड वेब है। (इसे डब्लू.डब्लू.डब्लू. या वेब भी कहते हैं।)
5. वेब ब्राउजर प्रयोग करके विभिन्न पेजों को देखना **ब्राउजिंग** या **नेट सर्फिंग** कहलाता है।
6. इंटरनेट आधारित एप्लीकेशन जिसमें ऑडियो, वीडियो और एनीमेशन का प्रयोग होता है उसे रिच इंटरनेट एप्लीकेशन कहते हैं।
7. इंटरनेट फोरम को वेब फोरम, मेसेज बोर्ड, डिस्कशन बोर्ड, डिस्कशन समूह, डिस्कशन फोरम या बुलेटिन बोर्ड भी कहते हैं।
8. वह व्यक्ति जो नई इन्फॉरमेशन पोस्ट करता है जिसे ब्लॉक पोस्ट कहते हैं, वह 'ब्लॉगर' कहलाता है।
9. कुछ कॉमन सोशल नेटवर्किंग साइट्स हैं—फेस बुक, माई स्पेस, ऑरकुट, ईबीबो।
10. किसी को भी अपनी पहचान इंटरनेट पर खोलने से सतर्क रहना चाहिए, क्योंकि उसका दुरुपयोग हो सकता है।
11. हैकिंग एक अपराध है।

अभ्यास

(अ) शब्दों की सहायता से रिक्त स्थान भरें—

फेसबुक, चैटिंग, टीसीपी/आईपी, माई स्पेस, ब्राउसिंग, ब्लॉग पोस्ट, इंटरनेट सर्फिंग, डिस्कशन फोरम्स, ब्लॉगर, आईबीबो, ऑरकुट, गूगल

1. इंटरनेट एक प्रोटोकॉल के सेट का प्रयोग करता है जिसे·······कहते हैं।
2. वेब ब्राउजर से विभिन्न पेजों को देखना·······या·······कहलाता है।
3. इंटरनेट फोरम·······कहलाते हैं।
4. ब्लॉग पर व्यक्तिगत आर्टिकल·······कहलाता है।
5. वह व्यक्ति, जो ब्लॉग एंट्री पोस्ट करता है·······कहलाता है।

6. कुछ कॉमन सोशल नेटवर्किंग साइट हैं............ , ... , ... और..............।

7. सबसे अधिक प्रचलित सर्च इंजन........... है।

8. दो यूजरों के बीच कंप्यूटर और इंटरनेट के माध्यम से होनेवाला संवाद........... कहलाता है।

(ब) निम्न का पूरा नाम क्या है?

1. टी.सी.पी./आई.पी. 2. WWW 3. एच.टी.टी.पी. 4. ब्लॉग

शिक्षकों से

1. इस अध्याय में ऐसे कई क्षेत्रों की जानकारी दी गई है, जो छात्रों के लिए नए हैं, इसलिए इंटरनेट पर उन्हें पर्याप्त प्रैक्टिकल सेशन देना चाहिए, जिससे उन्हें यह विषय अच्छी तरह समझ आ सके।
2. छात्रों को इन्फॉरमेशन की प्राइवेसी और दुरुपयोग के बारे में पर्याप्त जानकारी दें, जिससे वे उसे अच्छी तरह समझ सकें।

बहुविकल्पीय प्रश्न

निम्न चार विकल्पों में से सही विकल्प पर (✔) निशान लगाएँ।

1. एक...... एक-दूसरे से जुड़े कंप्यूटरों का समूह है, जो रिसॉर्सेस साझा करके कीमत बचाता है।

अ. टोपोलॉजी ब. कंप्यूटर नेटवर्क

स. ट्रांसमिशन मीडियम द. इनमें से कोई नहीं

2. .... कंप्यूटर नेटवर्क का विश्वव्यापी सिस्टम है।

अ. MAN ब. इंटरनेट

स. इंट्रानेट द. इनमें से कोई नहीं

3. कभी इंटरनेट यह भी कहलाता है।

अ. गेम ब. नेटवर्क

स. नेट द. इनमें से कोई नहीं

4. इंटरनेट शुरू में यह कहलाता था—

अ. अर्पानेट ब. इंटरकनेक्शन

स. इंट्रानेट द. इनमें से कोई नहीं

5. इंटरनेट जिस प्रोटोकॉल के सेट पर चलता है, उसे कहते हैं।

अ. FTP
ब. TCP/IP
स. HTTP
द. इनमें से कोई नहीं

6. ······· एक विशेष प्रोटोकॉल पर चलता है, जिसे HTTP कहते हैं।

अ. इंटरनेट
ब. WWW
स. इंट्रानेट
द. इनमें से कोई नहीं

7. वेब ब्राउजर का प्रयोग करके विभिन्न वेबपेज खोलना यह कहलाता है—

अ. ब्राउजिंग
ब. इंटरनेट
स. अ और ब दोनों
द. इनमें से कोई नहीं

8. ये विशेष प्रकार की वेबसाइट हैं, जहाँ समान विचारोंवाले लोग विचारों का आदान-प्रदान करते हैं, प्रश्न पूछते हैं, उत्तर देते हैं और संबंधित विषय पर सहायता उपलब्ध कराते हैं—

अ. ब्लॉग
ब. डिस्कशन फोरम
स. ई-मेल
द. इनमें से कोई नहीं

9. ······· एक वेबसाइट है, जिसमें नियमित रूप से इन्फॉरमेशन पोस्ट की जाती है।

अ. ब्लॉग
ब. डिस्कशन
स. इ-मेल
द. इनमें से कोई नहीं

10. ब्लॉक पर व्यक्तिगत आर्टिकल कहलाते हैं—

अ. ब्लॉग पोस्ट
ब. पोस्ट
स. एंट्रीज
द. उपर्युक्त सभी

9 वेबसाइट खोलना और टेक्स्ट एवं इमेज को कॉपी करना

आप पढ़ चुके हैं कि इंटरनेट पर पेजों को खोलना और देखना **ब्राउजिंग** या **इंटरनेट सर्फिंग** कहलाता है। ब्राउजिंग के लिए सबसे अधिक प्रयोग होनेवाला सॉफ्टवेयर इंटरनेट एक्सप्लोरर है। यहाँ इंटरनेट एक्सप्लोरर की एक स्क्रीन दिखाई गई है।

यह एमटीजी कंप्यूटर स्मार्ट सीरीज की ऑफिशियल वेबसाइट **www.mtgcss.com** का स्क्रीन शॉट है। आप इस पर इन पुस्तकों में लिये गए विषयों पर टिप, टेक्निक, ट्रिक्स, वीडियो, ट्यूटोरियल और आगे की जानकारी प्राप्त कर सकते हैं।

इस वेबसाइट पर आप अपने अनुभव साझा कर सकते हैं। आप दूसरे छात्रों से जो यही पुस्तक साइट पर स्टूडेंट फोरम में पढ़ रहे हैं, उनसे विचार-विमर्श कर सकते हैं और सीख सकते हैं।

जब ब्राउज करते हैं तो ढेरों सूचनाएँ जैसे—टेक्स्ट, इमेज, एनिमेशन, वीडियो, साउंड, म्यूजिक, गेम आदि देखने को मिलते हैं। अपनी रिपोर्ट और रिसर्च रिपोर्ट बनाने के लिए आप इन सूचनाओं का प्रयोग करते हैं। आप इंटरनेट से टेक्स्ट, इमेज, म्यूजिक, वीडियो, एनिमेशन और अन्य चीजों को कॉपी या डाउनलोड भी कर सकते हैं।

कृपया ध्यान रखें कि कुछ वेबसाइटों पर प्रकाशित की गई सूचनाएँ और इमेज बिना लाइसेंस या अनुमति लिये कमर्शियल उद्देश्य के लिए प्रयोग करना अवैध व वैधानिक रूप से दंडनीय है। वेबसाइट में प्रकाशित सूचनाओं की **अवैध कॉपीराइट उल्लंघन** कहलाता है।

यदि कंटेंट कॉपीराइट से प्रोटेक्टेड है तो उन्हें प्रयोग करने के लिए उसके मालिक से अनुमति लेनी होगी या लाइसेंस फीस अदा करनी होगी। यदि कंटेंट पब्लिक डोमेन पर है और कंटेंट ऑनर द्वारा नि:शुल्क साझा किया जा रहा है तो आप उसे बाद में प्रयोग करने के लिए अपने कंप्यूटर पर डाउनलोड कर सकते हैं। यहाँ दिखाया गया है, कैसे करते हैं।

वेबसाइट से टेक्स्ट और इमेज को कॉपी करने का स्टेप्स—

हम मानकर चलते हैं कि आपके पास एक चलता हुआ इंटरनेट कनेक्शन है।

1. इंटरनेट एक्सप्लोरर खोलिए और एड्रेस बार में **www.yahoo.com** टाइप कीजिए।

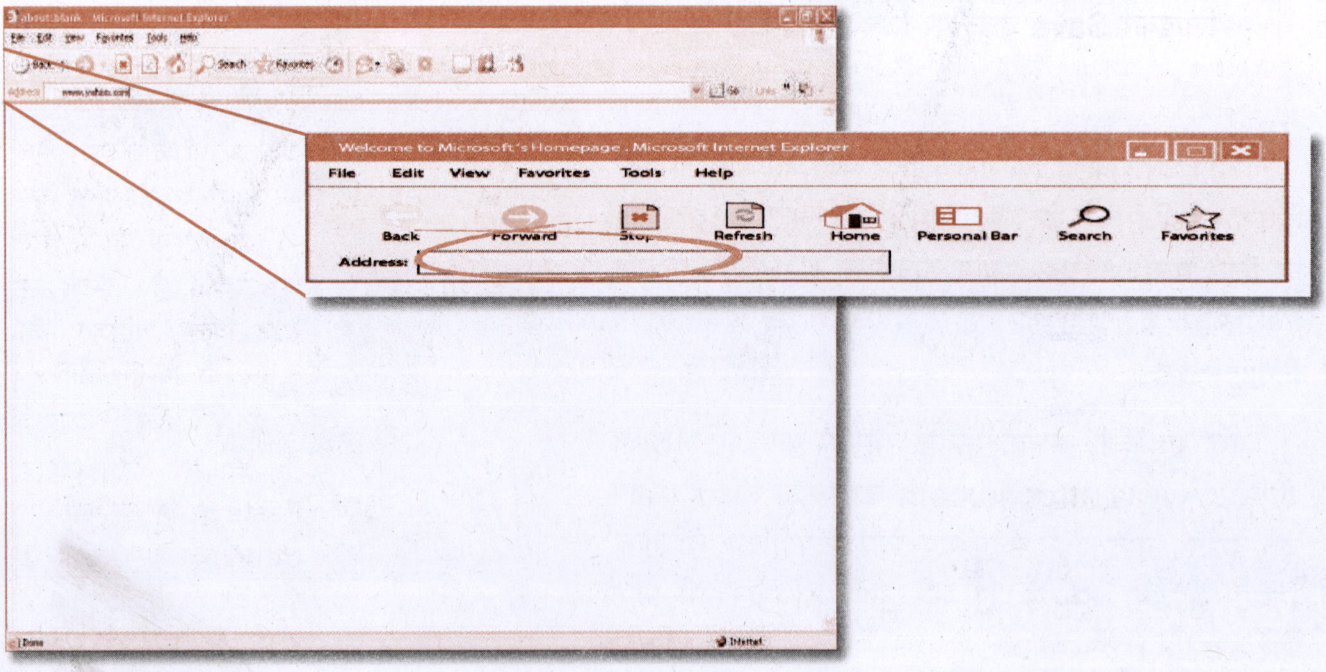

2. वेब साइट पर दिखनेवाली सभी इमेज देखिए और निर्णय कीजिए कि आप किसे प्रयोग करना चाहते हैं। इमेज राइट क्लिक कीजिए और **save picture as** सिलेक्ट कीजिए।

3. Save Picture As का डायलॉग बॉक्स खुल जाता है। मनचाही लोकेशन चुनिए और फाइल का नाम लिखकर **Save** बटन पर क्लिक कीजिए।

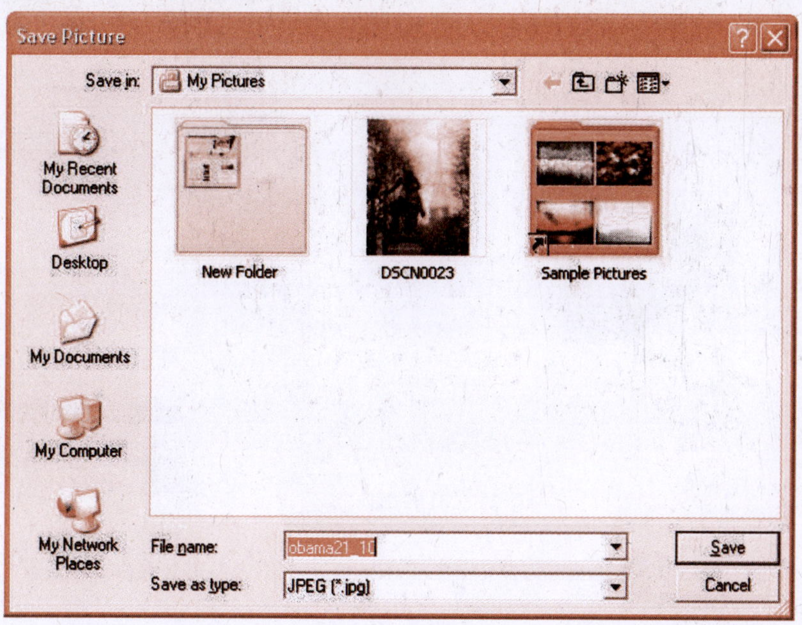

टिप

आप कॉपी की गई इमेज को सीधे माइक्रोसॉफ्ट वर्ड या वर्ड पैड या पेंट में पेस्ट कर सकते हैं। इमेज पर राइट क्लिक कीजिए और **copy** पर क्लिक कीजिए। एप्लीकेशन स्विच कीजिए या खोलिए और **Edit > Paste** पर क्लिक कीजिए। Ctrl+V कीजिए।

इमेज आपके कंप्यूटर में हार्डडिस्क पर सेव हो जाएगी। कृपया वह स्थान याद रखें, जहाँ फाइल सेव कर रहे हैं।

4. टेक्स्ट कॉपी करने के लिए माउस के बाएँ बटन से क्लिक और ड्रैग करते हुए मनचाहे टेक्स्ट को चुनें।

5. चुने गए टेक्स्ट पर राइट क्लिक करें और **Copy** पर क्लिक करें Ctrl+C दबाएँ। अथवा आप मेन्यू बार से **Edit > Copy** पर क्लिक कर सकते हैं।

6. माइक्रोसॉफ्ट वर्ड, वर्डपैड या नोटपैड खोलिए और डॉक्यूमेंट पर राइट क्लिक कीजिए तथा फिर **Paste** सिलेक्ट कीजिए या **Ctrl+V** दबाइए अथवा मेन्यू बार पर **Edit > Paste** पर क्लिक कर सकते हैं।

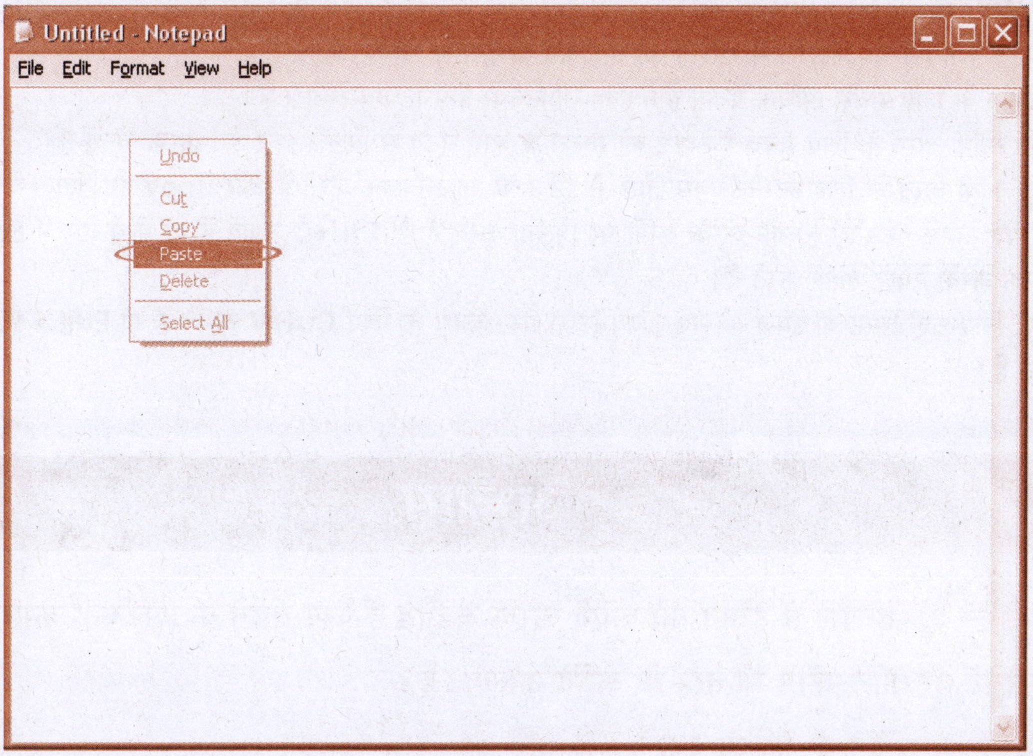

7. टेक्स्ट कॉपी हो जाएगा।

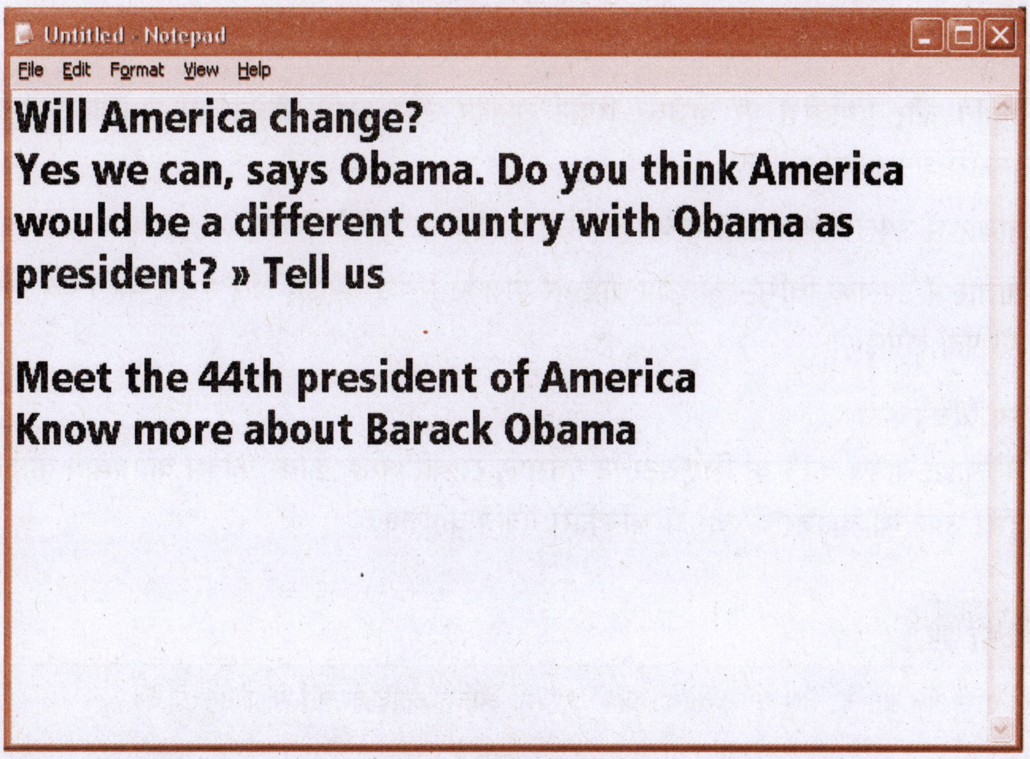

अब आप फाइल का नाम देकर बाद में प्रयोग करने के लिए सेव कर सकते हैं।

याद करें

1. विभिन्न पेजों को वेब ब्राउजर से खोलने को ब्राउजिंग या इंटरनेट सर्फिंग कहते हैं।
2. ब्राउजिंग के लिए सबसे अधिक प्रयोग होनेवाला सॉफ्टवेयर इंटरनेट एक्सप्लोरर है।
3. टेक्स्ट कॉपी करने के लिए मनचाहे टेक्स्ट को माउस के बाएँ बटन से क्लिक और ड्रैग करके चुनते हैं।
4. इमेज कॉपी करने के लिए इंटरनेट एक्सप्लोरर से इमेज पर राइट क्लिक करते हैं और **Copy** पर क्लिक करते हैं।
5. चुने गए टेक्स्ट पर राइट क्लिक करके कॉपी पर क्लिक करते हैं या **Ctrl+C** दबाते हैं या मेन्यू बार में **Edit > Copy** पर क्लिक करके टेक्स्ट कॉपी करते हैं।
6. कॉपी किए गए टेक्स्ट या इमेज को नए डॉक्यूमेंट में पेस्ट करने के लिए **Ctrl+V** दबाते हैं या **Edit > Paste** पर क्लिक करते हैं।

अभ्यास

(अ) इंटरनेट एक्सप्लोरर से टेक्स्ट को कॉपी करके वर्डपैड में पेस्ट करने के शॉर्टकट कमांड क्या हैं?

(ब) इंटरनेट पर कौन-कौन सी तरह के कंटेंट उपलब्ध हैं?

(स) इंटरनेट ब्राउजिंग या सर्फिंग क्या है?

(द) www.mtgcss.com से आपके कंप्यूटर में My Documents फोल्डर में इमेज डाउनलोड करने की स्टेप लिखिए।

(च) प्रैक्टिकल

- प्रकृति और पर्यावरण पर प्रोजेक्ट रिपोर्ट बनाइए और अपने प्रोजेक्ट में वेबसाइट से डाउनलोड करके इन्फॉरमेशन प्रयोग कीजिए।
- बाजार में उपलब्ध नवीनतम मोबाइल फोन पर प्रोजेक्ट रिपोर्ट बनाइए।
- बाजार में उपलब्ध विभिन्न लैपटॉप ब्रांड पर प्रोजेक्ट रिपोर्ट बनाइए और सबसे महँगे एवं सबसे सस्ते लैपटॉप का पता लगाइए।

(छ) अन्य प्रैक्टिकल

- वेबसाइट ब्राउज करने के लिए इंटरनेट एक्सप्लोरर की जगह फायर फॉक्स का प्रयोग कीजिए।
- दूसरे उपलब्ध ब्राउजर के बारे में जानकारी एकत्र कीजिए।

शिक्षकों से

छात्रों को दूसरे वेब ब्राउजर जैसे गूगल क्रोम, फायर फॉक्स, ओपेरा आदि के बारे में जानकारी दें।

बहुविकल्पीय प्रश्न

निम्न चार विकल्पों में से सही विकल्प पर (✔) निशान लगाएँ।

1. ब्राउजिंग के लिए प्रयोग होनेवाला सबसे अधिक प्रचलित सॉफ्टवेयर है—

अ. नेटस्केप नेविगेटर
ब. ओपेरा
स. इंटरनेट एक्सप्लोरर
द. क्रोम

2. मनचाहे टेक्स्ट को कॉपी करने के लिए माउस के बाएँ बटन से…… करके सिलेक्ट करते हैं—

अ. क्लिक एंड ड्रैग
ब. ड्रैग एंड ड्रॉप
स. क्लिक एंड ड्रॉप
द. डबल क्लिक

3. कॉपी का शॉर्टकट है—

अ. Ctrl+C
ब. Ctrl+O
स. Ctrl+P
द. इनमें से कोई नहीं

4. पेस्ट का शॉर्टकट है—

अ. Ctrl+V
ब. Ctrl+C
स. Ctrl+P
द. इनमें से कोई नहीं

10 वायरस : कंप्यूटर के लिए खतरा (बचाव, सावधानी एवं रख-रखाव)

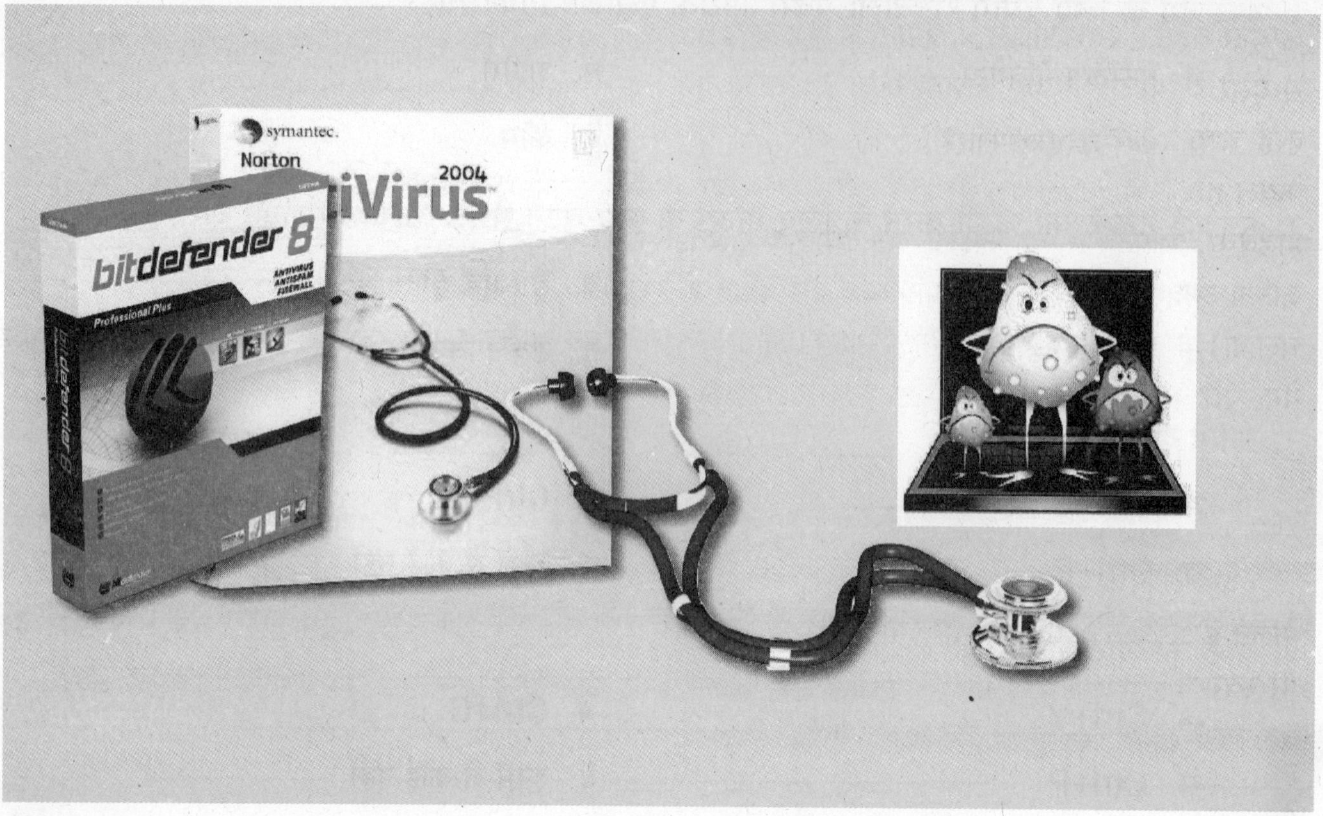

अब तक आप कंप्यूटर पर कुछ काम कर चुके होंगे। आप जानते हैं कि कंप्यूटर सामान्यत: कितनी तेजी से चालू होता है, इंस्टॉल प्रोगाम को खोलता है और आपकी फाइल को प्रोसेस करता है। लेकिन जब आप काम कर रहे हैं तो आपने कभी महसूस किया है कि कंप्यूटर की गति धीमी या परफॉरमेंस खराब हो गई है। यह काम के समय कभी लॉक या हैंग हो सकता है। क्या आप जानते हैं कि काम के समय कभी-कभी कंप्यूटर हैंग क्यों होता है? यह वायरस से दूषित होने के कारण हो सकता है। इस अध्याय में आप पढ़ेंगे कि कंप्यूटर को हानिकारक वायरस से कैसे बचाया जाए और सावधानियाँ कैसे उठाई जाएँ।

वायरस

वायरस एक प्रोग्राम या कोड का भाग है, जो कंप्यूटर पर आपकी जानकारी के बिना लोड हो जाता है और आपकी इच्छा के प्रतिकूल काम करता है। सभी कंप्यूटर वायरस मनुष्य द्वारा बनाए जाते हैं और स्वयं एक से अनेक संख्या में बढ़ते रहते हैं। कंप्यूटर वायरस स्वयं फाइल या प्रोग्राम से जुड़ जाता है और एक से दूसरे कंप्यूटर में जाकर फैलता रहता है। मानव वायरस की तरह कंप्यूटर वायरस गंभीरता की रेंज में आते हैं। कुछ वायरस केवल हलके से चिढ़ानेवाले प्रभाव देते हैं, जबकि दूसरे आपके हार्डवेयर, सॉफ्टवेयर या फाइलों को खराब कर देते हैं। यह जानना आवश्यक है कि मानव प्रक्रिया (जैसे दूषित प्रोग्राम को चलाना) के बिना वायरस नहीं फैल सकते। लोग अकसर दूषित फाइलों को अनजाने में साझा करके या ई-मेल से गेम, यूटिलिटी प्रोग्राम आदि के साथ वायरस को अटैच करके भेजते हैं, जिससे वायरस फैलता है।

वर्म

वर्म अपने आकार के अनुरूप ही वायरस है और यह वायरस का निम्न वर्ग होता है। वर्म कंप्यूटर से कंप्यूटर में फैलते हैं, लेकिन वायरस किसी व्यक्ति की सहायता के बिना असमान विचरण कर सकते हैं। वर्म आपके कंप्यूटर पर स्वयं को बहुत संख्या में बढ़ा सकते हैं। अत: आपके कंप्यूटर से दूसरे कंप्यूटर पर एक वर्म जाने का अर्थ है कि वह स्वयं अपनी सैकड़ों या हजारों कॉपियाँ ले जाता है।

ट्रोजन हॉर्स

ट्रोजन हॉर्स पहली झलक में एक उपयोगी सॉफ्टवेयर जैसा दिखता है, लेकिन एक बार यदि आपके कंप्यूटर पर इंस्टॉल हो जाए तो वह उसे खराब कर देता है। वह इस तरह दिखाता है जैसे विश्वसनीय स्रोत से विश्वसनीय सॉफ्टवेयर प्राप्त कर रहा हो। जब ट्रोजन आपके कंप्यूटर पर एक्टिवेट हो जाता है तो उसके परिणाम भिन्न-भिन्न हो सकते हैं। ये फाइलों को डिलीट करके और इन्फॉरमेशन को नष्ट करके काफी खतरनाक विध्वंस कर सकते हैं। ट्रोजन को आपके कंप्यूटर का पिछला रास्ता भी माना जाता है, जो हैकर्स को आपके कंप्यूटर से महत्त्वपूर्ण जानकारियाँ और पासवर्ड आदि चुराने में सहायता करता है।

वायरस, वर्म एवं ट्रोजन हॉर्स से बचाव और सुधार करना

आपके कंप्यूटर को बचाने की पहली स्टेप यह है कि अपने ऑपरेटिंग सिस्टम को अपटूडेट रखें। माइक्रोसॉफ्ट विंडोज के लिए यह अति आवश्यक है। दूसरा, आपके सिस्टम पर एंटीवायरस इंस्टॉल होना चाहिए और समय-समय पर डाउनलोड द्वारा अपने सॉफ्टवेयर को नवीनतम अपडेट के साथ तैयार रखना चाहिए। इसके अतिरिक्त

यह सुनिश्चित करना चाहिए कि आपके एंटीवायरस में इंटरनेट से डाउनलोड होनेवाली फाइल और ई-मेल को स्केन करने की क्षमता है। यह दूषित प्रोग्राम को आपके कंप्यूटर तक पहुँचने से रोकेगा। इसके अतिरिक्त आपको अपने कंप्यूटर में फायरवॉल भी इंस्टॉल करना चाहिए।

फायरवॉल

फायरवॉल एक सिस्टम है, जो आपके कंप्यूटर को अवैध रूप से खुलने या प्रयोग करने से रोकता है।

फायरवॉल हार्डवेयर या सॉफ्टवेयर कोई भी हो सकता है।

अतिरिक्त जानकारी : फायरवॉल

यह याद रखना आवश्यक है कि फायरवॉल स्वयं आपके कंप्यूटर को वायरस की समस्या से छुटकार नहीं दिलाती। लेकिन जब इसे ऑपरेटिंग सिस्टम के साथ और अच्छे एंटी वायरस के साथ नियमित रूप से प्रयोग किया जाता है तो यह कंप्यूटर और नेटवर्क को अतिरिक्त सुरक्षा व बचाव प्रदान करती है।

एंटीवायरस

एंटीवायरस सॉफ्टवेयर एक कंप्यूटर प्रोग्राम है, जो दूषित सॉफ्टवेयर से उसके दोष ढूँढ़ने, निकालने और ठीक करने का प्रयास करता है। एंटीवायरस नाम इसलिए रखा गया है, क्योंकि पहले के सॉफ्टवेयर विशेष रूप से कंप्यूटर वायरस नष्ट करने के लिए बनाए गए थे, हालाँकि अधिकतर आधुनिक एंटीवायरस सॉफ्टवेयर बहुत बड़ी रेंज के हमलों से बचाव करते हैं जिनमें वर्म, ट्रोजन हॉर्स और माल वेयर सम्मिलित हैं। एंटीवायरस सॉफ्टवेयर के उदाहरण नोर्टन, एवीजी, अवस्त, मैकाफे, एनओडी32 आदि हैं।

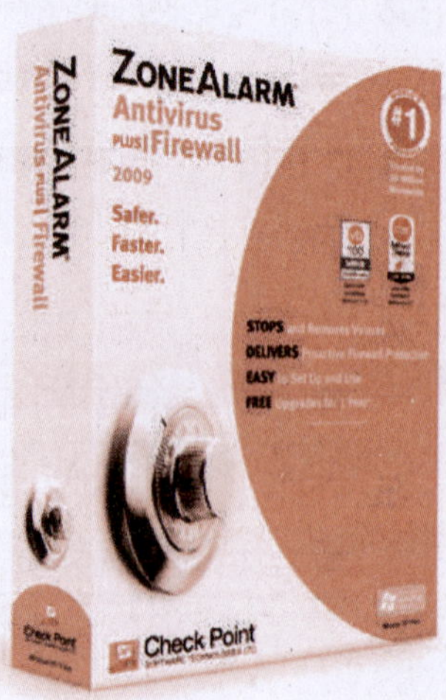

बचाव और सावधानियाँ

1. अनावश्यक या अनजान इ-मेल को न खोलें, जिनमें विशेष कर .exe, .scr, .vb, .com, .doc अटैचमेंट हो।
2. जो वेबसाइट स्टैंडर्ड नहीं हों, उनसे मित्रों के कहने पर भी म्यूजिक, गेम या अन्य सॉफ्टवेयर डाउनलोड न करें।
3. विंडोज, एंटीवायरस सॉफ्टवेयर, एंटीस्पाईवेयर और फायरबॉल को सदैव अपडेट करते रहें।
4. यदि आपके मित्र कोई फाइल इ-मेल, सीडी या पेन ड्राइव से भेजते हैं तो उसे खोलने से पहले अच्छी तरह स्कैन कर लें।
5. यदि आपके कंप्यूटर पर वायरस, वर्म, स्पाईवेयर आदि का हमला हुआ है या वह दूषित हो गया है तो वह बेढंगे तरीके से काम करना शुरू कर देगा। यह कंप्यूटर को धीमा कर सकता है, बहुत सारी विंडोज स्वयं ही खुलने लगेंगी या प्रोग्राम सामान्य रूप से व्यवहार नहीं करेगा। तुरंत ही कंप्यूटर को बंद कर दीजिए और समस्या ठीक करने के लिए सिस्टम इंजीनियर को बुलाइए।

याद करें

1. एंटीवायरस सॉफ्टवेयर के उदाहरण नॉर्टन, ए.वी.जी., अवस्त, मैकाफे, एनओडी32 आदि हैं।
2. आपके कंप्यूटर को बचाने की पहली स्टेप यह है कि अपने ऑपरेटिंग सिस्टम को अपटूडेट रखें।
3. लोग अकसर दूषित फाइलों को अनजाने में साझा करके या इ-मेल से गेम, यूटिलिटी प्रोग्राम आदि के साथ वायरस को अटैच करके भेजते हैं।

अभ्यास

(अ) शब्दों की सहायता से रिक्त स्थान भरें—

ट्रोजन हॉर्स एंटीवायरस वर्म ट्रोजन हॉर्स फायरवॉल

1. ....एक सिस्टम है, जो आपके कंप्यूटर के अवैध घुसपैठ को रोकता है।
2. ....सॉफ्टवेयर एक कंप्यूटर प्रोग्राम है, जो दूषित सॉफ्टवेयर के दोष पहचानने, कम करने और ठीक करने का प्रयास करता है।
3. ....एक विशेष प्रकार का वायरस है, जो अपनी स्वयं की सैकड़ों या हजारों कॉपियाँ बनाकर भेज सकता है।
4. ....ऐसा प्रतीत होता है जैसे वह विश्वसनीय सॉफ्टवेयर या विश्वसनीय स्रोत से आनेवाली फाइल है, परंतु वह दूषित कोड का भाग होता है, जो कंप्यूटर को क्षति पहुँचाता है।
5. ....आपके कंप्यूटर में पिछला दरवाजा बनाने के लिए जाना जाता है, जो हैकर्स को आपके कंप्यूटर में घुसने और पासवर्ड आदि चुराने का रास्ता देता है।

(ब) निम्न का मिलान करें—

1. वायरस	अ. स्वयं को कई भागों में बढ़ा लेता है।
2. फायरवॉल	ब. दूषित सॉफ्टवेयर को ठीक करता है।
3. वर्म	स. आपकी इच्छा के विरुद्ध काम करता है।
4. एंटीवायरस	द. एंटीवायरस सॉफ्टवेयर।
5. नॉर्टन	च. अवैध प्रयोग या घुसपैठ को रोकता है।

शिक्षकों से

छात्रों को यह दिखाएँ और समझाएँ कि कंप्यूटर में वायरस आने से उस पर क्या प्रभाव पड़ता है और उसे कैसे रिमूव किया जाता है।

बहुविकल्पीय प्रश्न

निम्न चार विकल्पों में से सही विकल्प पर (✔) निशान लगाएँ।

1. एक प्रोग्राम या कोड का भाग है, जो आपकी जानकारी के बिना कंप्यूटर पर लोड हो जाता है और इच्छा के विरुद्ध चलता है।

अ. थ्रेट　　ब. वायरस
स. वर्म　　द. ट्रोजन

2. ....अपने आकार के अनुसार एक वायरस है, जो वायरस का उपवर्ग माना जाता है।

अ. थ्रेट　　ब. वायरस
स. वार्म　　द. ट्रोजन

3. ये विश्वसनीय सॉफ्टवेयर या विश्वसनीय स्त्रोत से आनेवाली फाइल प्रतीत होते हैं।

अ. थ्रेट　　ब. वायरस
स. वर्म　　द. ट्रोजन

4. ....एक सिस्टम है, जो कंप्यूटर को अवैध प्रयोग और घुसपैठ से बचाता है।

अ. एडवेयर　　ब. फायरवॉल
स. एंटीवायरस　　द. स्पाईवेयर

5. यह सॉफ्टवेयर कंप्यूटर प्रोग्राम है, जो दूषित सॉफ्टवेयर को पहचानने और ठीक करने का प्रयास करता है।

अ. एडवेयर　　ब. फायरवॉल
स. एंटीवायरस　　द. स्पाईवेयर

उत्तरमाला

अध्याय 1

(ब) शब्दों की सहायता से रिक्त स्थान भरें—

1. कॉलम 2. स्टैंडर्ड 3. सेल एलाइनमेंट
4. सेल्स 5. टेबल ऑटो फॉरमेट

(स) निम्न आइकंस को मिलाएँ और पहचानें—

1. ब 2. द 3. च 4. स 5. अ

(द) निम्न सेल एलाइनमेंट के नाम लिखिए—

1. टॉप लेफ्ट 2. टॉप सेंटर 3. टॉप राइट
4. सेंटर लेफ्ट 5. सेंटर सेंटर 6. सेंटर राइट
7. बॉटम लेफ्ट 8. बॉटम सेंटर 9. बॉटम राइट

बहुविकल्पीय प्रश्न

1. अ 2. द 3. द 4. स 5. स 6. स 7. द

अध्याय 2

(अ) निम्न टूल्स को पहचानें—

1. लाइन 2.ऐरो 3.रेक्टेंगल 4.ओवल 5.टेक्स्ट बॉक्स
6. वर्डआर्ट 7.नंबरिंग 8.बुलेट्स 9.इंक्रीज इंडेंट
10. डिक्रीज इंडेंट

(ब) निम्न का मिलान करें—

1. ब 2. अ 3. च 4. छ 5. स 6. द

(स) निम्न रैपिंग स्टाइल को पहचानें—

1. इन लाइन विद टेक्स्ट 2. स्क्वेयर 3. टाइट
4. बिहाइंड टेक्स्ट 5. इन फ्रंट ऑफ टेक्स्ट

बहुविकल्पीय प्रश्न

1. द 2. द 3. ब 4. ब 5. ब

अध्याय 3

(स) सही (स) गलत (ग) लिखिए—

1. ग 2. ग 3. स 4. स 5. स 6. स

बहुविकल्पीय प्रश्न

1. अ 2. ब 3. अ 4. द

अध्याय 4

(अ) शब्दों की सहायता से रिक्त स्थान भरें—

1. टाइटल बार 2. मेन्यू बार 3. टूलबार्स, मेन्यू ऑप्शंस
4. नेम बॉक्स 5. फॉर्मूला बार 6. होरिजोंटल, वर्टिकल
7. वर्कशीट टैब 8. मिनिमाइज 9. स्टेटस बार

(ब) निम्न का मिलान करें—

1. ब 2. अ 3. ज 4. झ 5. स 6. द 7. ट 8. छ 9. च

(स) प्रत्येक सेल में उनके सेल एड्रेस लिखें—

1.अ1 2. ब1 3. स1 4. द1 5. अ2 6. ब2 7. स2 8. द2

बहुविकल्पीय प्रश्न

1. द 2. द 3. अ 4. ब 5. ब 6. अ 7. ब 8. ब 9. स
10. ब 11. ब 12. स

अध्याय 5

(ब) निम्न को पहचानिए और लेबल लिखिए—

1. नो बॉर्डर 2. बॉटम बॉर्डर
3. लेफ्ट बॉर्डर 4. राइट बॉर्डर
5. बॉटम डबल बॉर्डर 6. थिक बॉटम बॉर्डर
7. टॉप एंड बॉटम बॉर्डर 8. टॉप एंड डबल बॉटम बॉर्डर
9. टॉप एंड थिक बॉटम बॉर्डर 10. ऑल बॉर्डर्स
11. आउटसाइड बॉर्डर्स 12. थिक बॉक्सबॉर्डर

बहुविकल्पीय प्रश्न

1. ब 2. ब 3. स 4. अ

अध्याय 6

(ब) निम्न आइकंस को पहचानें—

1. फॉण्ट कलर 2. मर्ज एंड सेंटर
3. थिक बॉक्स बॉर्डर 4. फिल कलर टूल

(स) निम्न टूल बार के लेबल लिखें—

1. फॉण्ट 2. फॉण्ट साइज 3. बोल्ड 4. इटैलिक
5. अंडरलाइन 6. लेफ्ट एलाइन 7. सेंटर एलाइन 8. राइट एलाइन

बहुविकल्पीय प्रश्न

1. द 2. ब 3. ब 4. ब 5. अ 6. ब

अध्याय 7

बहुविकल्पीय प्रश्न

1. स 2. ब 3. द 4. ब 5. ब 6. अ 7. स

अध्याय 8

(अ) शब्दों की सहायता से रिक्त स्थान भरें—

1. टी.सी.पी./आई.पी. 2. ब्राउजिंग, इंटरनेट सर्फिंग
3. डिस्कशन फोरम्स 4. ब्लॉग पोस्ट

5. ब्लॉगर
6. फेसबुक, माईस्पेस,अबिबो,ऑर्कुट
7. गूगल
8. चैटिंग

(ब) निम्न का पूरा नाम लिखो—

1. ट्रांसमिशन कंट्रोल प्रोटोकॉल/इंटरनेट प्रोटोकॉल
2. वर्ल्ड वाइड वेब
3. हाइपर टेक्स्ट ट्रांसफर प्रोटोकॉल
4. वेब लॉग

बहुविकल्पीय प्रश्न

1. ब 2. ब 3. स 4. अ 5. ब 6. ब 7. स 8. ब 9. अ 10. द

अध्याय 9

बहुविकल्पीय प्रश्न

1. स 2. अ 3. अ 4. अ

अध्याय 10

(अ) शब्दों की सहायता से रिक्त स्थान भरें—

1. फायरवॉल 2. एंटीवायरस 3. वर्म

4. ट्रोजन हॉर्स 5. ट्रोजन हॉर्स

(ब) निम्न का मिलान करें—

1. स 2. च 3. अ 4. ब 5. द

बहुविकल्पीय प्रश्न

1. ब 2. स 3. द 4. ब 5. स